JN200486

わたしたちがこの世界を信じる理由

『シネマ』からのドゥルーズ入門

築地正明

河出書房新社

わたしたちがこの世界を信じる理由　『シネマ』からのドゥルーズ入門　目次

わたしたちがこの世界を信じる理由

『シネマ』からのドゥルーズ入門

序

二十世紀後半を代表する哲学者のひとり、ジル・ドゥルーズ（一九二五－一九九五年）は、もうひとりのフランスの哲学者アンリ・ベルクソンの主著、『物質と記憶』（一八九六年）に依拠して、『シネマ1』（一九八三年）と『シネマ2』（一九八五年）を書いた。タイトルが示すとおり、「映画」についての研究書である。しかしそれらは、極めて多彩な要素から成り立っており、「映画」という一ジャンルに関する考察と呼ぶには、あまりにも広範なテーマと問題群を扱っている。しかも驚くべきことに、『シネマ』において「映画」は、ほとんど「世界」の別名であるかのように、そして「映画」を論じることは、そのままこの「世界」について論じることでもあるかのように、論述が展開されているのである。とはいえ、ドゥルーズは「映画」と「世界」を同一視しようとしているわけでも、両者を単純に関連づけようとしているわけでもない。ドゥルーズはむしろ、両者の並行関係を、互いへの還元不可能性を強調する。そして映画の意義は、「イマージュ」を通じて、この「世界」を信じる理由を生み出すこと、創造することにあると述べることになるだろう。しかしそれには、もはや人々がこの世界を信じていない、という事態が前提となるはずである。すると、なぜそうなってしまったのかが、併せて問われなければならないだろう。この世界を信じるとは、そもそも何を意味し、どのような問題を孕んでいるのか。これらすべての問いは、二十世紀の映画史と世界史が交差しながら進展していく過程と、実は密接に関係している。ドゥルーズは、映画における古典時代を、主に第二次世界大戦よりも前に位置づけ、他方で、大戦後の映画のあるものを、「現代映画」として規定している。そして両者のあいだには、深い亀裂が走っていると考えるのである。

　では大戦によって、一体何がどう変化したのだろうか。最も簡略化して言うなら、古典映画の時代は、たとえそれが崩壊の途上にあったにしても、人はまだこの世界を信じる理由を失っていなかった。だからこそ映画は、様々なフィクションを、ファンタジーを、夢や希望を、大衆へと自然に提供することができたのだと考えられる（D・W・グリフィス、チャップリン）。政治的イデオロギーのプロパガンダも、決して例外ではない（エイゼンシュテイン、リーフェンシュタール）。つまり映画の最初の隆盛とほぼ同時代に、ファシズムをはじめ、全体主義が出現し、強力に発達した理由のひとつは、映画を通じて「全体」としての世界が、仮にも信じられていたからではないだろうか。それに対して、戦後に現れた一群の「現代映画」においては、「世界」は信じられ、前提される代わりに、むしろ様々な謎や不条理な問いを投げかけてくる、読解すべき諸々の記号（シーニュ）と化していった。

　しかし戦後も映画は、大戦以前と何ら変わらず、フィクションを、ファンタジーを描きつづけてきたではないかという反論も当然あるだろう。確かに一面ではそうなのだが、それにも拘わらず、戦争を境に、何かが決定的に変わってしまったのだとドゥルーズは見ていた。後でまた触れるが、ドゥルーズは『シネマ』全編を通じて、具体的な作品の比較考察によって、その〈何か〉を繰り返し描写している。

　そのひとつに、それまで映画の主題として扱われることの非常に少なかった、「マイノリティ」の存在が、戦後になって次第に可視化されていったことが挙げられる。それまでマイノリティは、表面的にしか、あるいはマジョリティにとって都合のいい視点からしか、扱われることがなかった。[1]これも、前述した戦前から戦後への時代の変化と決して無関係ではない。この点において、戦後イタリアで起こった「ネオレアリズモ」は、後のおよそすべての「現代映画」の嚆矢となったと言うこともできる。では戦後とは、ファシズムや全体主義の軛から逃れ、自由主義や民主化を拡大していった讃えるべき時代なのだろうか。必ずしもそうとは言えない。なぜなら、一方で全体化の動きは、戦後も新たな形式で推し進められていき、後にドゥルーズが「管理社会」と呼ぶことになる、新たなタイプの支配体制を、すでに刻々と準備していたようにも思われるからだ。しかしまたその一方で、全体を逃れる分散化された諸勢力が、次第に存在感を増してくることになるのも事実である。だがそれは、様々な領域での「マイノリティ」の台頭が、戦前のファシズムや全体主義に取って代わる、新たな革命の主体として注目されるようになるといった、わかりやすい話ではない。実際ドゥルーズによる「マイノリティ」

の議論は単純なものではなく、後で詳しく見ていかねばならないのだが、注意すべきなのは、「マイノリティ」が、新たなファシストへと生成する危険を、常に伴った存在だという点である。いや、それどころか「マイノリティ」における生成は、戦前や戦後に関係なく、排他的な一種のカルト的集団形成（「閉じた社会」）や、ある種の自殺行為、そしてテロルを含む、断片化されたファシズムと化す危険を孕んでしか成立しえないという、その困難な両義性のうちにあるとさえ言える。ドゥルーズによれば、革命家とテロリストとの、解放者とファシストとの見分けがつかなくさせる、識別不可能性のグレー・ゾーンというものがあるのだ。おそらく「現代映画」の重要な意義のひとつは、そうしたことを身をもって証明してみせた点にある（ゴダール、ローシャ）。

ならば、ドゥルーズが「マイノリティ」と関連づけて提起することになる、「来たるべき民」の概念もまた、こうした厄介な両義性を、片時も免れていないのではあるまいか。そこには常に、幾つもの危険な戦いが、闘争があるのだ。そしてその最大のものが、この世界に対する不信、つまり世界の否定と一体をなすはずの怨恨（ルサンチマン）、権力への意志、裁くことへの渇望を含んだ、ニヒリズムとの戦いである。だからドゥルーズの読者は、彼のテクストを前にする時、この両義性のうちに身を置き、絶えずそのあいだを縫って進まなければならない。そしてそれは、まさにドゥルーズ自身が、極めて自覚的にこの両義性のなかに身を置きつづけ、一貫して慎重な態度で、一連の問題に臨んでいるからでもある。あらかじめ用意された路など、どこにもありはしないのだ。人はその路なき路の途上で、ニヒリズムに捉えられ、この世界への信頼を失い、ついに自滅してしまうかもしれない。――「私たちはこの世界を信じる理由を必要としている」。ドゥルーズの発したこの叫びの内側に、今こそ赴かなければならない。

第一章　仮構作用と生

一　巨人の製造

　ジル・ドゥルーズは、最後の主著とされる『哲学とは何か』（一九九一年）のなかで、「仮構作用（fabulation）」と呼ばれる概念を引き合いに出して、謎めいたことを述べている。――「すべて仮構作用とは巨人の製造である」と。[1]「仮構作用」とは元々、哲学者アンリ・ベルクソンが最後の主著『道徳と宗教の二源泉』（一九三二年）第二章のなかで提起した概念なのだが、それは文学的な創作の根源にある、ひとつの特定の能力のことを指していた。すなわち、人間が「作り話」をする能力、機能を指して言われていたのである。ところが『哲学とは何か』のなかでドゥルーズは、一見するとベルクソン本来の文脈からはほとんど逸脱してしまうような意味合いを、そこに読み込んでいるように見える。つまり「仮構作用」は、本来の文学や戯曲にとどまらず、広く創作活動全般にまで拡張され、芸術全域を貫く、「巨人」を、「巨人的な諸次元」を製造する機能として、再提起されているのである。

　仮構とは、まさに「作り話」のことだと述べたが、そこには当然、現実には存在しないもの、架空のお話、人物、出来事といった意味合いが、最初から含まれているだろう。つまり通常は、まず動かしがたい「現実」があって、そのなかであれこれの「作り話」が語られると考えられている。その場合「現実」と「虚構」は、言わば対立関係にある。しかし、「現実」と「虚構」を対立し合うものとして捉えるのではなく、社会を構成する、複雑に絡まり合った二つの項として捉えてみるならどうか。この現実社会は、「現実」であると同時に大規模な「仮構作用」によって形成された「作り話」でもあるということになりはしないか。

　しかしもしそうだとすれば、「仮構作用」によって産み出される「巨人」とは、「巨人的な諸次元」とは一体何なのか。それらが、普通の意味で虚構の、架空の生き物や場所でないとすればだ。『哲学とは何か』を読む限りでは、それは、まだそこに生息するもののいない無人の大地を満たす、ある奇妙な群れに、集団に、民に関連づけて語られている。芸術家とは、人間以前の、あるいは人間以後の大地を幻視し、そこに住まうであろう何者かの姿をフレーミングし、それを私たちにもかろうじて見、そして感じられるようにする者のことであると。[2]「巨人」とは、だから物理的な大きさとは関係ない、ほとんど知覚しがたいもの、予見不可能な仕方でその未到の場を満たしにくる、〈何者か〉のことを指すのだろう。芸術家が、その力のすべてを注いで仮構しようとするのは、つまり描き出し、表現しようとするのは、そのような「巨人」の形象であり、その相関項としての「民」そして「大地」ということである。――「芸術とは、語を、色を、音を経由しようと、あるいは石を経由しようとも、諸感覚による言語活動」なのであり、それら「諸感覚による言語活動、もしくは言語の内なる奇妙な言語」は「来たるべき民へと訴えかける」[3]。

過去の長大な芸術史を、仮にそのような視点で眺めてみるとすればどうなるだろう。つまり普遍的な美、均整、調和を目指す造形意欲の具現としてではなく、「巨人の製造」の絶え間ない反復として、再生産につぐ再生産の、剽窃の、偽造の、強奪の、破壊の、まがいものや偽(にせ)ものにさえ満ち溢れた過程として受け取るとしたら……。歴史そのものが些か違って見えてきはしないか。なぜなら、それら「巨人」たちを通じて、この世界にかつて現存し、滅びていった無数の民の凄惨な闘争の歴史が、あたかも映画の二重写しのように、透けて見えてくるようにも思われるからだ。先の世界大戦で、日本の敗戦を幼少の身で経験した作家、古井由吉のこんな言葉がある。——「はるか後年になり、古代のことを記した本を読むうちに、クニとクニとの戦(いくさ)は、同時にそれぞれのカミとカミとの、守護神と守護神との闘いと太古には考えられていたと述べる箇所にさしかかり、しばらく息をつめるようにして、おのれの神の敗れたのを感じて敗走する民の恐怖、恐慌、そして屈辱と羞恥はいかばかりであったかを思った」[4]。

「巨人」とは、かつて民によって「カミ」や「守護神」と呼ばれていたもののことではないか。ただし「クニ」と「クニ」との、「カミ」と「カミ」との闘いは、遠いむかし話などではない。それは、今も世界の至るところで、変わりもなく、絶え間なく繰り返されている「現実」そのものである。だとすると、ドゥルーズの「巨人の製造」としての「仮構作用」という言い方は、比喩めいては聞こえなくなる。むしろ、あくまで文字通りに、現実のこととして踏まえ、受け取るべきだろう。するとそれは、古典的な芸術の理想からは、およそ掛け離れて見えてくるのではないか。というのも、「巨人」のうちには、美しいもの、優れたもの、均整のとれたものばかりとは決して限らない、グロテスクなもの、不気味なもの、歪なもの、どうしようもなく劣ったアナーキーなものの一切もまた含まれるだろうからだ。諸国間で、あるいは諸民族間で繰り返されてきた、凄惨な闘争の歴史がそのまま、それぞれの民が戴く「カミ」と「カミ」との、「巨人」と「巨人」との闘いでもあるとするなら、今この瞬間にも世界で繰り広げられているはずの殺戮、略奪、占領、支配、搾取の永劫の反復を想う時、一体誰が、「巨人」を製造する生の力を、なおも肯定しようというのだろうか。誰が「来たるべき民」を真に待ちのぞむのか。突き詰めるなら、それを望むことは、領土と安全保障によって辛うじて保たれている私たちの現在の平和を、生活様式を、またそれを支える様々な資本主義の思考の基盤を、不断の危機に晒すことに通じているのではないか。まさにそうなのだろう。なぜならドゥルーズ哲学における生の、力の肯定とは、私たちの現在の生活を、生存様式を肯定することとはまったく異なっているからだ。ドゥルーズにとって、生の肯定の意味はむしろ、私たちの生存そのものを根底から問いに付すことにこそあるのではないか。

「生」や「来たるべき民」といった語彙はしかし、ロマンティックに聞こえてしまう恐れが常にある。だが、それらを以上のような意味で我が身に引きつけて考えてみるなら、ただちに極めて難しい問題の様相を帯びてくることになるだろう。繰り返すが、ドゥルーズにとって

「生」を肯定することは、私たち人間の〈存在〉を、まして現在の生活を肯定することでは決してない。ドゥルーズにとって哲学とは、「生」とは何かを詮索することにあるのではなく、「生」そのものに対するある根源的な信、純粋な強度と化した信仰の念と、ついにひとつに重なる。そのような信なしには、「生」も、「来たるべき民」という言葉も、結局むなしいのではないか。

宗教なき、教養なき、生そのもの、またこの世界、この大地そのものに向けられた「信仰」というイデーは、はっきりとドゥルーズ哲学のなかに在る。それは『シネマ2』第七章のなかで、読者を戸惑わせるくらい率直に書かれている。「来たるべき民」も、この本の後半で大きく展開される主題であり、この世界への、大地への「信仰」の問題と深く密接に結びついている。そしてそれはまた、「民が欠けている」という、もうひとつの奇妙に響く現状認識と表裏をなしているのだが、この民の不在に向けられたまなざしこそ、やがてドゥルーズ哲学において独特なニュアンスを帯びて、先ほどの「仮構作用」の概念と、厳密な対(つい)を成すことになるだろう。

まず、ベルクソンによれば、「仮構作用」とは、世界のなかに今なお「物語」を産み出し続けている根源的な機能なのだが、それこそが、太古において諸々の民と共に神々を創り出したと考えられる。つまり人間の社会、または共同体を発生させる根源的な力が、この「仮構作用」にはあると考えられるのだ。だからもしドゥルーズが述べるように、現代において、「民が欠けている」と言えるような事態が再び訪れているとするなら、その「民」を呼びもとめる言葉は、「仮構作用」によるものでなければなるまい。言い換えれば、まだそこにいない「民」を希求し、呼びもとめるには、何らかの「言葉」が必要とされるはずだが、その言葉は、単なる命令でも情報伝達でもあってはならない。それはバラバラの人々をひとつに結びつけることのできる、広義の〈文学〉の言葉でなければならないのである。なぜなら民と共に神々を産出し、巨人たちを製造しうるのは、唯ひとつ「仮構作用」だけだからだ。

ドゥルーズは、『哲学とは何か』のなかではっきりとこう注記している。――「『二源泉』第二章のなかでベルクソンは、仮構作用を、想像力とは非常に異なった、ある幻視的な機能として分析しており、それは「準人格的な力、あるいは効験ある現前」として、神々や巨人たちを創造することのうちにある。仮構作用は、最初は宗教のうちで発揮されるが、芸術と文学によって自由に展開されることになる」と。[5]

まず、ドゥルーズが「神々」と「巨人たち」を併記している点が注目されようが、つまりは、文学的創作には「神」と呼ぼうと「巨人」と呼ぼうと、あるいは作者の〈分身〉と呼ぼうと、とにかく現実の作者個人とはまったく別に、「仮構作用」だけが分娩することのできる、「準人格的な力、あるいは効験ある現前」が伴うということである。それがここで、「ある幻視的な機能」と呼ばれているもののことなのだ。また、ここでドゥルーズの言う「宗教」と「芸術と文学」の関係は、ことさら歴史的な順序として解する必要もないだろう。なぜなら両者は、現代においても複雑に絡まり合って、併存しているからだ。

なお、ここでドゥルーズが語る「ある幻視的な機能」とは、狭義の文学、小説や詩や戯曲に限った話ではない。『二源泉』におけるベルクソンは、「準人格的な力、あるいは効験ある現前」といった言い方で、神話や文学、戯曲に登場する人物を主に念頭において語っているようなのだが、ドゥルーズのほうは、その「幻視的」な、「ヴィジョネール」な機能の側面に力点を置くことで、そこに風景、都市、動物、植物、あるいは鉱物といったあらゆる形象を、またそれらが含むざわめきさえをも含めようとしている。こうしたすべてが、諸芸術によって巨視的、あるいは微視的な諸次元をまとって摑み出され、表現されるのだとすれば、ドゥルーズにおける「仮構作用」の概念は、神話をはじめ、いわゆる言語的創作に限定したベルクソン自身によるその定義に対して、一体どういう位置を占めることになるのだろうか。それはベルクソンからの単なる理論的逸脱なのか。おそらくそうではない。

一九六六年に上梓された『ベルクソニスム』のなかで、ドゥルーズは、後の自身の哲学的立場となるものの端緒を、すでに次のように表していた。——「ベルクソンによれば、芸術にもまた二つの源泉があることが注目される。ひとつは集団的であったり、個人的であったりする仮構的な芸術。そしてもうひとつは、情動的ないし創造的な芸術である。おそらくすべての芸術は、可変的な割合においてではあるが、これら両方の様相を示しているだろう。ベルクソンは、仮構作用の様相のほうが、芸術において劣ってみえることを隠していない。小説は特に仮構作用であり、音楽は反対に、情動であり創造である」[6]。

ドゥルーズはすでにこの時点で、実に控えめにではあるが、ベルクソンによる分割を示しつつも、芸術の二つの源泉のあいだに、しなやかな流動性を与えようとしているように見える。つまり、「仮構的な芸術」である小説もまた、音楽におけるような「情動的」で「創造的」な性質を併せ持っている。というか、両者は突き詰めれば、ひとつの源泉から流れ出してきたものの二面ではなかったか。発声される言葉が、必ずある種の旋律を有するように、それは音楽とひとつであったと考えられはしないか。また同時に言葉は、身体を通じて神話を上演し、そこで舞踏が、歌舞が、音楽と一体となって行われていたと考えることもできるのではないか。つまりドゥルーズが「仮構作用」の概念を、狭義の文学から、広く造形芸術全体にまで拡大して捉えようとしたのには、おそらくこのような視点が念頭にあったからだと思われる。また、だからこそドゥルーズは、「民」を暗黙にも希求しないような芸術が、「巨人」の製造に関与しないような文学が、果たしてあり得るだろうか、と問うことができたのだ。いずれにせよ、以上のような視点は、「概念」を一個の静止した認識ではなく、ひとつの生きもののごとく見做したドゥルーズにおいては、やはり注目すべきものであるように思われる。

ただそうなると、ドゥルーズにとって問題は、ベルクソン由来の概念を、穏当な範囲内で継承し、活用することなどにはそもそもなかったことになる。むしろ、当のベルクソン自身は考えもしなかったような〈平面＝構想(プラン)〉に至るまで、「仮構作用」を推し進めること、つまり

――「眠り込んでいる概念をして、それ自身に逆らうようにさせてしまってもとにかく目覚めさせ、それを新たな舞台のうえで再演するということ」が何よりも重要な課題となるのだ。[7] ドゥルーズにとって、様々な哲学史上の「概念」の再生の企てのすべての意味が、この言葉に集約されると言ってもいい。

しかしながら、以上のような「概念」の独特な継承と再生の企てにおいてドゥルーズは、ある一点だけは絶対に変更の利かない本質的な機能を、ベルクソンが与えた「仮構作用」の概念規定から受け継いでいるように思われる。すなわちそれは、ベルクソンがこの概念を提起した際、それを他の動物における現実的な本能と対比し、人間種にのみ備わった一種の「潜在的本能」だと述べ、その根本的な役割のひとつが、集団を結束させ、共同体を維持することにあると指摘していた点である。[8] 後年のドゥルーズが、自身の哲学的主題となる「来たるべき民」を打ち出した際、「仮構作用」の概念に再び出会うことになったのは、だからほとんど必然であったようにも思われる。なぜなら、私たちのうちに穿たれたこの「潜在的本能」による「仮構作用」だけが、権利上新たな群れを、集団を、つまりは未知の民を求め、形成しうる第一次的な力を秘めており、今もなお秘めていることになるはずだからだ。現実的に働く知性や理性とは性質を異にした、潜在的な「本能」のうちに、生そのものに根ざした水準と機能があるということ。つまりそこには、物語による、言葉による、新たな生存様態の創造の可能性が秘められている。そしてそのような言葉は、もっぱら知性に対してのみ働きかける、規則や法律の言葉とは異質な、固有の「情動的」で「創造的」な力を有しているのである。ただしこのことは、知性対本能、理性対情動といった、古い対立図式を再び持ち出すことにはならない。ベルクソン自身がすでに次のように戒めている。――「しかし、知性の周囲には本能の縁暈が残存しており、本能の奥底には知性の微光が存続していることを忘れてはならない」。そして「それら二つの活動は、最初は互いに混じり合っていたのだが、力を増していくためには分離せざるをえなかった。だが一方のうちの何ものかは、他方のうちに附着して残っている」[9]。要するに二項対立でも、それらの止揚でもなく、ありとあらゆる水準において、本能と知性、情動と理性、自然と人工、現実と虚構、真と偽といったもののあいだの複雑な協同、あるいは相互の侵蝕を含む、多様な動的編成だけがあるのだ。

ただそれでも、おそらく次の点だけははっきりと言える。すなわち「仮構作用」は人間の一種の「潜在的本能」によってもたらされるということ、そしてその本能は、群れ、集団、共同体、つまりはひとつの社会の形成を、おのずと求めているということだ。ベルクソンが「生命的なものの根底には社会的なものがある」と述べるのは、この意味においてだと思われる[10]。繰り返すが、後年のドゥルーズが、「来たるべき民」という主題のもとで、「仮構作用」の概念を、おのれの哲学の核心へと改めて象嵌しようとした理由も、実にその点に由来するはずなのだ。つまり「生成」の奥底には、群れを、集団を、来たるべき民を求める何ものかがある。

だが何かを物語ることは、すでにして、一個あるいは複数の実在（レアリテ）を構成してはいないだろうか。「作り話」をすること、物語ることの意味を果てまで辿ってみるなら、それはもはや、通常の意味での虚構であることを止めてしまうだろう。なぜなら人は、夢や想像、または理想や妄想といったありとあらゆる形式で、すでに現実と虚構を分かつ社会的な境界を自由に飛び越えているし、何であれ物語る行為を、自他に対して行っていると言えるからだ。物語る行為が、誰か他人に向けてのみ為されるなどとは到底言えない。人は誰かに語りつつ、おのれ自身に語ってもいる。そして自分が語った数々の話を、自伝を、みずからに信じ込ませながら生きている。また自分の話す声が、発せられるのと同時にどこか他者のものめいて聞こえてくることさえある。それは狂気の兆候というより、夢の常態であるかもしれず、不眠者の、既視体験者の、あるいは作家や詩人の徴（シーニュ）でさえあるかもしれない。そしてその声は、真か偽か、現か虚かが問われる以前に、その人にとっての感覚的現実（レアリテ）の全き一部をなしているだろう。主観か客観か、現実か虚構か、真か偽か、といった明確な二者択一が成立しない、というか、そのように問うこと自体が、さして意味をなさない次元が、状況が、確かに現実のただなかに生じているのである。

　個人の事柄に限りはしない。社会に目を向けてみても事情は通じている。ある人の奇怪な物語が、現実そのものと化した瞬間に、人類は繰り返し立ち会ってきたはずである。ヒトラーによる「仮構作用」は、そのまま現実化され、彼の物語る事柄は、自伝は、ダイレクトに現実に介入し、様々な効果を及ぼすに至った。その時まさに、想像と現実は奇妙に結晶化し、互いを反転させ合い、識別不可能となっていったのではなかったか。大衆にとってだけでなく、ヒトラー自身にとって。しかもそのような瞬間が、今なお完全には過ぎ去っていないとしたらどうだろう。ヒトラーは「仮構作用」の力を駆使し、その機能を通じて恐るべき現実を、この世界のなかに作り出してみせた、現代における最大の者のひとりだと考えられる。そしてこの男もまた、おそらくは、のべつ語りながら、未知なる者へと、怪物へと、巨人へと生成していったのである。しかもそれは、何かを物語ることが、即座に新たな現実を作り出していくことと不可分であるような、集団的な言表行為と化すことでもあった。ナチ神話は、確かに少なくともある一定の期間、「神話」であると同時に「現実」でもあった。ヒトラーは、異教の神に、古代の巨人に訴えただけではなく、ほとんどそれを偽造したのでもあり、しかもそれを現代の現実社会のなかで作動させもした。つまり彼は「偽（にせ）の力」を絶対的に解放した、最初の映画作家のひとりではなかったかと思われる。レニ・リーフェンシュタール監督による、ナチ党大会の壮大な記録映画『意志の勝利』（一九三四年）の目的は、「ナチ神話を世界に広めようとすることにあった」と、軍事技術に関する優れた理論家ポール・ヴィリリオは、著書『戦争と映画』のなかで断言していた。[11] そしてそれは、ほとんど成功したと言ってもいいのだろう。

つまり「映画」という装置は、ヒトラーにとって、仮構作用の実効化のために不可欠なものであった。映画の影響力、大衆への爆発的な浸透力を、ヒトラーは最大限活用したことが知られている。あたかも「仮構作用」が、その効果を現実に発揮する最高の手段として、映画を、映像メディアを待ち望んでいたかのようにすら思えてくるほどに。

だからこそ、ドゥルーズが『シネマ』においてベルクソンから独自の仕方で継承しようとした「仮構作用」の概念は、極めて危険な側面を持つと言わなければならない。映画史を概観してみて、ヒトラー以上にこの力を完璧に利用し、現実に、途方もない効果を及ぼしえた映画作家など、ほとんど見当たらないからだ。したがって「仮構作用（fabulation）」とは、端的に「偽（faux）」の力であると言ってもいい。ヒトラーは、民族の神話を偽造し、優生学を捏造し、神秘化して、特定の人種への憎悪を煽り、そうしたすべてを、彼が築いたシステムのなかで十全に機能させた。おそらく、みずからのコントロールや予測を超えるまでに。ただし注意すべきだが、そこで何か普遍的な「真実」に対する「虚偽」が行われた、というわけではないだろう。そのような普遍的な「真実」がどこかに存在するなどと、この男はそもそも信じていなかったはずだからだ。あるのは、端的な「我が闘争」であり、「意志の勝利」という、虚構と一体化した真実だけである。ヒトラーが拡声器や自著、そして映画『意志の勝利』を通して語り、語りつのった言葉どもは、ごく初期の頃はまだ〈真〉でも〈偽〉でもなかっただろう。だがそれは、語る行為それ自体を通じて、また映像メディアによって増幅されて、やがて一政党を束ねあげる集団的な言表行為と化し、次第に現実性の度合を、強度を増していった。

ただしヒトラーが、巨大な嘘を捏造し、大衆を騙し、悪のほうへ先導してみせたというわけではない。そのような見方は、因果関係の事後的な再構成でしかないように思われる。むしろ神話を偽装する、仮構的な発話行為がまずあって、おぞましい人間の〈真実〉を現実のなかに次々と新たに作り出していったのではなかったか。実際、記録によれば、ほかならぬベルクソン自身が、ナチスが権力を掌握し、ヒトラーが首相に就任した一九三三年に次のように語っているのである。――「キリスト教の放擲は、あらゆる場合、異教への復帰を意味している。オーディン神に帰る必要を説くヒットラー支配下のドイツにおいて事情は明白だ」。また、同じ記録者による一九三五年の項には、以下のようにある。「ヒットラーの存在、これは、わたしが『二源泉』の中で提唱した説の輝くばかりの立証だ。つまり、閉じられた道徳――その典型はヒットラーのドイツ道徳――は、世界と事物の非キリスト教的概念とウォータンの信仰の復活とに密接に結びついている[12]」。

オーディン神もウォータンの信仰も、共に古代ゲルマン人が崇拝していたとされる、同じ戦争と死の神のことを指している。つまり一言で言えば「仮構作用」とは、単に神話や文学の古い起源や目的を説明するために考案された概念でもなければ、一仮説といったものでもない。それはあらゆる瞬間に、至るところで作動している恐るべき潜勢力なのである。そのことを、誰よりもベルクソン自身が鋭く見抜いていた。

ヒトラーの発した言葉の数々は、言うまでもなく単なる妄想でも空想でもない。それらは、ある面で動かしがたい現実と化してしまったからだ。「偽の力」とは、したがって厳密には虚偽や嘘ですらなく、想像と現実の隔てを溶かし、仕舞いには決定不可能なものとする、危険な潜勢力ということになるのだろう。しかしそれは、「言語」が有する本質的な一機能、「仮構作用」に由来するものであり、主体と客体、彼我の区分を常に易々と超えて、あるいは溶かして、その力を自他に及ぼす。というか「仮構作用」には、怪物を、「巨人」を産み出す本質的な機能があって、それが他の生物に例を見ないような、凶暴で排他的ですらあり得る、人間の「潜在的本能」の一部を成してもいた。すると次のような疑問が、嫌でも浮かんではこないだろうか。すなわち、「仮構作用」を二十世紀の後半になって、新たな概念として再生させ、改めて打ち出すということには、あまりにも大きな危険が伴うのではないかと。にも拘わらずドゥルーズは、一九九〇年のアントニオ・ネグリによるインタヴューのなかで、明確に次のように断言しているのである。――「仮構作用というベルクソンの概念を取り上げ、それに政治的な意味を与えなければなりません」と。[13]

三　「仮構作用」のマイナーな使用法を発明すること

こうなると、ドゥルーズの語ろうとする「来たるべき民」、あるいはその根底をなすであろう、生の有する潜勢力、「仮構作用」を肯定し、全面的に打ち出す思想は、私たちに何か未来の希望のようなものを与えるというより、むしろ凄惨にして不穏なものを、同時に強く予感させずにはおかないだろう。[14] だがまさにそれゆえに、ドゥルーズにおいて全問題は、すでにニーチェにおいてそうであったように、生そのものに対する怨恨、否定に基づく権力への意志との、常に隣り合わせの闘いに、ぎりぎりの抵抗に、ゲリラ戦にならねばならなかった。しかもそれは、ヒトラーが駆使した「仮構作用」や「偽の力」とは異なる、何か別種の力、たとえば普遍的な真理や正義の力に訴えることによって果たされるのではない。そうではなく、やはりまったく同じ力、潜勢力によってなのだ。ただし、前者との絶対的な差異を生みだす「高次の力」にまで、また後ほど見る「善良さ」、「寛容」にまで、仮構や偽の力を至らしめなければならない。「高次の力（une puissance supérieure）」という表現は、『シネマ2』第十章「結論」のなかに見えるのだが、[15] それが実際どのようなものであり、またどのように働くのか、あるいは本当にそんなことが可能なのかは、後ほど具体例に当たって検討するほかない。ただ現時点で言えるのは、たとえドゥルーズによって言語が、物語が、歴史が批判されるのだとしても、それはまさに言語の、物語の、歴史の新たな使用法を発明することと不可分な実践においてであって、身体の「生成」もまた、あくまで言語や物語との関係で、あるいは言語や物語とそれらの「外」との共通の限界において、果たされることになるということなのだ。[16]

今や『シネマ2』の最後の「結論」に至って、なぜ「映画作家としてのヒトラー」が改めて問われなければならなかったのか、その理由を少しだけ理解することができる。すなわち、戦前の映画を主に扱った『シネマ1』では、不思議なことにヒトラーおよびレニ・リーフェンシュタールの映画については、まったく論じられていなかった。第一巻「イマージュ-運動」のこの一見して奇妙な欠落は、しかし必然であったようにも思われる。つまり『シネマ2』後半で、「偽の力」、「仮構作用」の概念が初めて提起されたが、それらと「映画作家としてのヒトラー」の問題とを切り離すことなどできないからである。だからドゥルーズは「結論」部で、現代のドイツ人映画作家ジーバーベルクの発言を引いて次のように言う。――「イマージュ-運動の帰結、それはレニ・リーフェンシュタールである。そしてもしヒトラーを告発するのであれば、それは映画によって為されねばならない。つまり映画の内部で、映画作家ヒトラーに「映画的に打ち勝つために、彼に対して彼自身の武器を向け直さねばならないのだ[17]」。ヒトラーの「武器」、すなわち彼が最大限駆使した、視-聴覚両面にわたる「イマージュ」こそ、ドイツ人の神話を占有し、偽装する「仮構作用」の内容そのものをなしていた。だからこそドゥルーズは、次のように述べているのだ。——「それゆえ、発せられたあらゆる情報を超え、そこから様々な支配的な神話、流通する言葉とそれらの信奉者たちの裏側としての純粋な発話行為を、創造的仮構作用を抽出しなければならない。それは神話を搾取し利益を得ようとする代わりに、神話そのものを創造しうる行為なのだ[18]」。

ドゥルーズはここで、「仮構作用」に関わる二種類の行為を対立させている。ひとつはヒトラーによる、あるいはハリウッドによる、「神話を搾取し利益を得ようとする」行為、そしてもうひとつは、一部の現代の映画作家たちによる「創造的」で「純粋」な発話行為である。ただ、この「支配的な神話」に抵抗し、まったく新たに「神話」を創り出そうとする行為は、極めて困難なひとつの賭けでなければ、あまりにも「マイナー」であるために、「大衆」へととどくのかさえ定かではない。しかもそれは、一歩踏み間違えれば、再び前者へと振れかねない危険を孕んでさえいるのである。しかしドゥルーズは、先の晩年のインタヴューからもわかるように、すべてを承知のうえで「仮構作用」の概念を改めて提起したと考えられる。だとすれば、そこにはドゥルーズ哲学と文学との、言い換えるなら、「生成」と「言語活動」との、最も深い交わりが認められると言えるのではないか[19]。

要するに後期ドゥルーズ哲学は、ベルクソンから受け継がれ、激しく拡張されることになった「仮構作用」の概念をめぐって螺旋を描くことになる。「生成」さえも、もはやこの概念を抜きにしては語ることができない。『シネマ2』は、その発火点であり、その恐るべき渦であり、「欠けている民」と「仮構作用」の概念の対が強力に打ち出された、その時をしるしている。そして、ドゥルーズが探求しつづけた、言語や物語の新たな、「マイナー」な使用法の発明は、新たな視−聴覚メディアである「映画」を、このようにしてほとんど必然的に巻き込むことになっていくのである。しかしそれもひとえに、従来の善悪の観念によってはおそらく判断不能の、まだ存在すらしない者たち、群れ、集団、つまり「来たるべき民」と呼ばれる何ものかへと向けられているのだ。

第二章　映画と二十世紀の戦争

一　大戦という断絶

第二次世界大戦によって、映画史における決定的な「断絶」が生じた。これが『シネマ』の要となる論旨のひとつなのだが、これまで様々な批判に晒されてもきたようである。曰く、戦前と戦後でそうさっぱりと映画の在り方を二分できるのか、それはあまりに歴史主義的で、些か標準的にすぎる捉え方なのではないか。突き詰めると、およそ以上のような反論に集約されると思われるが、確かにそれは、『シネマ』の読者が多かれ少なかれ抱く疑問でもあると言えるかもしれない。

しかしドゥルーズ自身がこうした予期されうる反問に対して、『シネマ2』アメリカ版への序文のなかで、次のような慎重な態度を示していたことは、注意しておいていいだろう。――「いわゆる「古典的」と呼ばれるイマージュ－運動の映画は、戦後に、直接的なイマージュ－時間に場を明け渡した。言うまでもなく、こうした全般的な考えは、具体的な事例に応じてニュアンスが与えられ、修正され、適応されねばなるまい」。そう述べて、すぐに次のように続ける。――「なぜ、切断として戦争が挙げられるのか。それは戦後のヨーロッパが、私たちがもはや、それをどう形容すればいいのかわからないような諸空間のなかで、どう反応したらいいのかわからない状況を拡散させたからである」。

　このように述べた後ドゥルーズは、幾つかの具体的な状況を挙げてみせる。たとえば戦争によって破壊され、かつての機能を失ってしまった都市空間の増殖、あるいは用途不明となった施設や、郊外の空き地の顕在化等々がそれである。戦争の終結によって露わになっていった、こうした新たな状況に直面して、人々はかつてのような反応を示すことができない。つまりどう行動すればいいのか、わからないのである。ちょうど『ドイツ零年』（一九四八年）の主人公の少年のように、破壊され、断片化された都市の諸空間をさまよい、人は改めて、見ること、そして聞くことを学ぶことから始めなければならなかったのだ。だから戦争によってもたらされた「切断」は、ひとり映画についてだけ言われることでは些かもない。むしろ現実を、それも戦後の〈新たな現実〉を見ること、聞くことすべてに直に関係していると言えるだろう。つまり映画は、このうえなく見事で、率直なその証人であり事例であったわけだ。敗戦国イタリアで起こった「ネオレアリズモ」は、まさにこの〈新たな現実〉を見、そして聞くことから出発した。しなければならなかった。だからドゥルーズは、繰り返し「ネオレアリズモ」を、戦前のいわゆる「古典映画」に対して、戦後の、新たな映画の嚆矢として挙げるのである。敗戦国という意味では、日本も同じことだ。しかも同じ大戦で敗れたこの国にも、ドゥルーズと非常に近い見方をしている本質的な作家が存在する。

――「二十世紀を振り返ると、私にはどうしても、その中頃にひとつ断層があり、その前後では、同じ流れであるはずなのだが、互いにかなり異質の世界であるように思われる。その境がどこにあるのか、じつは見つけられずにいる。戦争が境だったと長年思って来た。しかしその変動は人がくりかえし記憶に歴史にたどった。たどれた筋ではある。断層はむしろその後に生じたように思われる。大戦ほどに明確に前後を括れることではないが、大戦に劣らず層を断つ破壊力を持った何かがおもむろに、しかしある境から急速に進行したのではないか」[2]。

ここには、ドゥルーズの論じる「切断」ないし「断絶」を検討するうえでも鍵となるような、もうひとつの重要な洞察が含まれているように思われる。つまりそれは、戦争によって断絶が生じたというだけではなく、「断層はむしろその後に生じた」とする二重の見方である。この文章を書いた古井由吉は、「大戦に劣らず層を断つ破壊力を持った何か」と述べているが、それは何か。古井氏は、いくつかの戦後の政治・経済的な出来事を挙げてみせるのだが、それにも増して重要だと思われるのは、戦争によって新たに産み出され、極限まで至ったシステマティックな破壊・殺戮の形式（フォーマット）が、そっくりそのまま戦後の経済機構に転用され、社会を新たに条件づけるようになっていったことを示す、氏の次のような鋭い指摘にあるように思われる。しかもそれは、世紀初頭に起こった第一次大戦までを射程に収めた、二十世紀の壮大なパースペクティヴを提示している。

――「この第一次大戦勃発から第二次大戦の終末までの、一九一四年から四五年までの間を、世界三十一年戦争と私は見たい。これは軍事ばかりでなく、また科学技術の上ばかりでもなく、あらゆる「発明」とその成果の量産的な遂行において世界が、とりわけ列強諸国が、おのれの徹底と拡大の力を制御、コントロールできなくなった、その甚だしさにおいて前代をはるかに超えたという意味で、最初のエポックではなかったか、と思うのだ。国家および資本および科学技術の巨大化ということをさきほど十九世紀後半の事柄として挙げたが、これに権力の集中もふくめて、それらが現実に巨大な「機械」となり、当事者たちの制御力を超えて、ほとんど自動的に作動しはじめたのが、この時代ではなかったか。そのもっとも凶悪な例がユダヤ人の大強制収容と大虐殺である[3]」。

まず押さえておくべきことのひとつは、ここで挙げられた二十世紀前半の歴史の流れが、深く映画の歴史とも関係しているという点である。第一次大戦の勃発した「一九一四年」の翌年、アメリカのD・W・グリフィスの『国民の創生』によって、長編劇映画の歴史は幕を開けたと言えるのだが、映画史は、それに続くソヴィエト連邦成立後の政治的理念の表明、さらにはナチスによる独裁とも深く密接に関係していくことになっていった。それを想うなら、古井氏の考察は、映画史と照らし合わせてみても、極めて鋭いヴィジョンを含んでいることがわかる。しかし、『シネマ』との関連でさらに重要だと思われるのは、氏の考察が、『シネマ2』の後半、第七章「思考と映画」のなかでドゥルーズが論じる「人間と世界の絆の断絶」の問題と、深く関係するのではないかという点である[4]。

ドゥルーズはそのなかで、たとえば次のように書いている。——「現代的な事態とは、私たちがもはやこの世界を信じていないということにある。同じように私たちは、我が身に起こる出来事を、愛を、死を、あたかもそれらが私たち自身にとってさえ、なかば関わりがないかのごとく、信じてはいない。私たちが映画を作るのではなく、世界のほうが出来の悪い映画のように私たちの前に現れるのだ」[5]。

「現代的な事態」としてドゥルーズの指摘する、「人間と世界の絆の断絶」は、大戦がもたらした荒廃だけに起因するのではない。「管理社会」と後にドゥルーズが呼ぶ、新たな支配体制の出現、および進化とも深く関係していると考えられる。そしてそれは、この世界のなかの目に映るものの大半がステレオタイプと化し、聞こえてくる言葉の多くが「紋切り型(クリシエ)」のように感じてしまう、人々の置かれた慢性的な状態、ないしは徒労感と一体をなしているだろう。テレビに映った現実の出来事に対して、「まるで映画を観ているみたい」という感想が、人々の口を衝いてでるまでになってからもすでに久しい。「断絶」は、だから戦後のテレビや映画や雑誌といった、様々な視‐聴覚メディアによる「紋切り型(クリシエ)」の氾濫と軌を一にしているという点に、改めて注意すべきである。しかもそれは、特に戦勝国アメリカ主導のもとで、戦後急速に拡大していった政治・経済上の世界規模のシステマティゼーション、およびオートメーションが引き起こした、甚大で広範な作用の主要な面のひとつではなかっただろうか。明らかにハリウッドは、視聴覚的な側面から、その重要な一端を担いつづけてきた。

ところで、古井氏が述べていた「大戦に劣らず層を断つ破壊力を持った何か」とは、こうしたことのすべてを指すのではないだろうか。もちろんそれは、大戦よりもはるか以前から準備されてきてはいた。だからこそそれは、「大戦ほどに明確に前後を括れることではない」。しかしまたそれゆえに、「おもむろに、しかしある境から急速に進行した」のだと考えられはしないか。ドゥルーズの「紋切り型（クリシエ）」に関する考察は、まさに「映画」というその進行の巨大な一翼を担ってきたものを主題とすることによって、この問題を改めて主題化している。たとえば彼は次のように書いている。——「紋切り型（クリシエ）、それは事物の感覚‐運動的なイマージュである。ベルクソンが述べていたように、私たちは事物を、あるいはイマージュ全体を知覚するのではない。私たちはいつだってそれを、より少なくしか知覚せず、私たちの経済的関心、党派的な信念、または心理的な要求などの理由から、私たちが興味を引かれるものか、あるいはむしろ知覚することに利益があるものだけしか知覚しないのである。したがって私たちは通常、紋切り型（クリシエ）しか知覚しない」。[6]

注意すべきだが、「紋切り型（クリシエ）」の氾濫が、「人間と世界の絆の断絶」を引き起こしたのだと、ドゥルーズは言っているのではない。「紋切り型（クリシエ）」そのものは、いつの時代にも存在する。そうではなく、「紋切り型（クリシエ）」は戦後の世界規模の社会・経済機構のシステム化、自動化との恐るべき結合によって、すでにそれ自体が「人間と世界の絆の断絶」なのである。

しかしもしそうであれば、システム化、自動化が戦中から戦後にかけて、あらゆる人間の制御を超えて、ある極限にまで至ったという意味で、私たちは今なお問題の渦中に在りつづけていることになりはしないか。まただとすれば、大戦および戦後に生じたと考えられる「断層」という「出来事」は、今も過ぎ去っていないのではないか。つまり「断層」のただなかに、戦後という時代そのものが宙づりにされたままなのではあるまいか。古井氏が述べていたように、それが現実の「巨大な「機械」」の作動であり、「そのもっとも凶悪な例がユダヤ人の大強制収容と大虐殺である」とするなら……。

　こうして私たちは、「現在」のすぐ傍らに在りつづける「過去」、つまりは「時間」という問題に改めて直面することになる。ドゥルーズは述べている。——「時間に関するベルクソンの偉大なテーゼは、次のように提示される。すなわち、過去は現在と共存しており、その過去もまた現在であった。過去は、（非時系列的な）過去一般として、それ自体で保存される。時間は、各瞬間ごとに現在と過去に、過ぎ去る現在と保存される過去に二重化する。人は、しばしばベルクソニスムを、次のような観念に還元してきた。つまり持続は主観的であり、私たちの内的生を構成するのだと。なるほどベルクソンは、少なくとも最初は、そのように自身の考えを語らなければならなかった。ところが次第に彼は、まったく別のことを言うようになる。すなわち、唯一の主観性こそが時間であり、それはその基底において摑み出された、非時系列的な時間である。そして時間の内部に在るのが私たちであって、その逆ではないのだ。私たちが時間のなかに在るというのは、一見ありふれた考えのように思われるが、しかしそれは、最も高度なパラドックスなのである」[7]。

私たちは今この現在も、「時間」についてのこの「最も高度なパラドックス」の内部にいる。ドゥルーズは、まさにそのことを、戦後の映画作家たちの作品に即して示していたのだとすれば、大戦によって「切断」が真に生じたか否かを詮索することには、もはや大した意味はないのではないか。なぜなら一切の問題は、今や「それ自体で保存される」過去のなかに生じた「断層」、つまり「時間」の内部に生じたある理念的な「断絶」を見つめる、ドゥルーズの〈ヴィジョン〉そのもののうちにあることになるからだ。そして、それと関連して生じた新たな状況、「ある境から急速に進行」していった社会的諸条件の変化に対する、彼の「ニュアンス」に満ちた考察こそを、検討する必要があるだろう。またそうなると、「切断」とは、ドゥルーズ的意味における「出来事」そのものだと言えるのではないだろうか（「すべての出来事は、言わば何も過ぎ去らない時間のなかにある」[8]）。そしてその時「ベルクソニスム」は、持続の哲学などではもはやなく、様々な断絶や断層を内在させた、「非時系列的な時間」の哲学へと生成するのではないか。

二　断絶の内側で

『シネマ』という二巻本において最も興味深いことのひとつは、戦前と戦後、古典映画と現代映画、運動と時間といった、一見わかりやすい二分法、および前者から後者へと進むかに見えた単線が、論述が進んでいくにつれて複雑に絡み合い、錯綜し、ついには時系列が破壊されて、諸々の時代が共存、併存するに至る、その論述の異様さにこそあるように思われる。しかしだからと言って、最初の見解が反故にされるというわけではない。そうではなく、運動のなかに時間が、古典映画のなかに現代映画が、戦前のなかに戦後が次第に透けて見えてくるようになるにつれ、今度は逆に、現代映画のなかに古典映画が透視されるようにもなるという特異な印象を、これら二巻の書物が与えるという意味である。

現にドゥルーズは、『シネマ2』第二章において、「イマージュ－時間」は、映画に絶えず付き纏っていた「亡霊」であると述べていた。――「すでに逸脱した運動と偽のつなぎからできていたものとして、すべての映画を読み直すためには、現代でなければならなかった。直接的なイマージュ－時間は、常に映画に付き纏っていた亡霊である。だが、この亡霊にひとつの身体を与えるためには、現代の映画が必要だったのだ。イマージュー運動の現実性とは逆に、このイマージュは潜在的である」と。

だがもしそうであれば、この潜在的な「亡霊」が戦後に至って現実化されたことで、両者の関係はさらに微妙に逆転することになったとも考えられないだろうか。すなわち、今度は「イマージュー運動」がある意味において潜在化され、「亡霊」のように「直接的なイマージュー時間」の映画に纏わり付くことになるのだと。戦前の最も優れた記録映画のひとつとされる、ナチス監修のもと、レニ・リーフェンシュタールの監督した『オリンピア』（一九三八年）は、オリンピック選手の美しい肉体の運動と、古代ギリシャ彫刻のごとく均整のとれた、しなやかな筋肉の輝きを映し出していた。しかしそれも、その後の歴史を知る現代の観客においては、アラン・レネの『夜と霧』（一九五五年）が映し出す、凄惨なる地獄の光景、極限までやせ細り、骨と皮になったユダヤ人たちが収容所のなかに整列させられた姿、そしてついには廃棄物のように打ち捨てられ、あるいは燃やされていく死体の山の映像へと、二重化されることはないだろうか。いやそれどころか、リュミエール兄弟による「ラ・シオタ駅への列車の到着」（一八九五年）でさえ、収容所へと大量輸送される人々を乗せた列車の記録映像の断片へと、脳というスクリーン上で二重化され、現代の観客にある奇妙な「既視感」を引き起こすということが、絶対にないと言えるだろうか。輝かしい映像時代の幕開けを飾ったリュミエールの「列車」は、どこに到着したのだろう。それは今この現在に至っても、人々の大量輸送手段として走りつづけているのではないのか。

斯くして「イマージュ－時間」が「イマージュ－運動」に取り憑いていた「亡霊」であったのとまったく同様に、「イマージュ－運動」もまた、戦後に深く分け入ってもなお、「イマージュ－時間」に取り憑き、それを侵蝕し、おのれの存在を、力を主張して已まない「亡霊」であり続けているかのようなのだ。だからこう言ってよければ、ドゥルーズが『シネマ』で提起した二つの主要概念、「イマージュ－運動」と「イマージュ－時間」は、つねに二重になっている。前者は戦前の「古典映画」に、後者は戦後の「現代映画」に一応は振り分けられるわけだが、ある境においては結晶化し、識別不可能となり、互いに反転し合うことになるのだと。こうした特異な事情が、おそらくはジャック・ランシエールのような哲学者を戸惑わせ、『シネマ』の主要な二つの概念の理論的区分そのものを強く疑わせ、批判させることになったのではあるまいか。[10]

だが重要なのは、ここで批判や論争を繰り返すことではない。むしろ大戦によって生じたとされる亀裂の内側に、「断絶」のただなかに、ドゥルーズの読者もまた、身を置こうと試みるべきではないだろうか。『夜と霧』においてアラン・レネは、ジャン・ケロールのテクストと共に、現在の客観的な事実としては知覚しえない、そのような理念的な「断絶」、「間隙」のただなかから世界を見つめていたのではなかったか。だからこそそれは、「現在」と呼ばれるものの安定した地位を問いに付さずにはおかず、我々観客を、現実の現在の連鎖から切断し、しばし「永遠の現在」のうちを、過ぎ去らない過去の出来事のうちをさまよわせる。『夜と霧』という作品は、その最初の戦慄すべき証、記念碑（モニュマン）のひとつではなかっただろうか。――「まず一方で、過去と未来に付き纏われていない現在などはなく、過去は古い現在には還元されず、未来も、来るはずの現在のうちには存しない。単純な継起は、過ぎ去る現在のかたちを取るが、それぞれの現在は、過去と未来と共存しており、それらなしでは、現在そのものが過ぎ去らないだろう。現在のイマージュと共存する、この過去と未来を捉えることが、映画の為すべきことなのだ。前に在るものと後に在るものを映画に撮ること……。おそらく現在の連鎖の外に出るためには、作品（フィルム）の前に在るものと作品（フィルム）の後に在るものを、作品（フィルム）のなかへ通さなければならないのである」[11]。

　このような要諦を満たすものだけが、厳密な意味において「時間の映画」と呼ばれるに値するものであろう[12]。そしてそれは、これまでに見たような幾つかの本質的な点において、大戦によって生じた複数の「断絶」という出来事から、切り離して考えることなどできないのである。『夜と霧』が見せるもの、それは一方でアウシュヴィッツ強制収容所の、無人となり、草の生い茂った戦後の「現在」であり、そして他方においては、そのなかで具体的に何が起きていたのかを示す、戦中に撮影されていた数々の記録映像の断片である。それらは文字通り、思考を寄せ付けないもの、耐えがたいもの、そして思考不可能でありながらも、見る者に思考を強制して已まないものでもあるだろう。したがって映画のイマージュとは、確かに記録され、保存された過去の光景の断片であると言えるわけだが、同時に他方においてそれは、対象との絶対的な〈隔たり〉として、見ることの不可能性を、思考することの不可能性を、みずから証してもいるのである。つまり「記憶」なるものの正体が、私たちの幼少期の思い出にとどまるものでは決してなく、本質的にそれとは圧倒的に異質な何かを、我々の意識を無限にはみ出す巨大な存在、「過去」を含意しているのではないかということだ。

まさにそのことを、映画のイマージュは、啞然とするほど直接的な仕方で露わにしてみせたのではないか。そうだとすると、ドゥルーズの語る「思考不可能なもの」とは、まさしく「記憶」あるいは「過去」、つまり「時間」ということになるだろう。なぜならベルクソンが述べていたように、「過去」がそれ自体において保存され、残存し続けるのだとして、またそれらの断片が、映画という装置によって可視化され、利用されうるものになったのだとしても、そのことによって、「過去」や「記憶」といった問題が、私たちにとって易しくなったわけでは些かもないからだ。むしろ反対に、私たちの意識も能力も及びがたいところで、「過去」が刻々と自動的に保存され、残存するのだとすれば、それは私たちにとっていよいよ困難な問いに、思考不可能なものでありながらも、思考を強いて已まないものになっていくのではないだろうか。現にドゥルーズは述べている。――「レネの作品の至るところで、人は心理学の条件をはみ出す記憶のうちに、つまり二人における記憶、複数の人物における記憶、記憶-世界、記憶-世界の年代のうちに沈み込んでいく」[13]。そしてそのようなものとしての「記憶-世界」

は、登場人物たちだけでなく、観客に対しても、思考を強制して已まない謎として、問題として存在し続けるのである。

三　「記憶」概念の変容

ドゥルーズは、『シネマ2』の幾つかの本質的な箇所において、小説家マルセル・プルースト（一八七一－一九二二年）を引用している。たとえばこうだ、――「いつでも直接的なイマージュ－時間は、私たちをこのプルースト的な次元へと至らしめる。この次元で人物や事物は、それらが空間のなかで占める位置とは通約不可能な位置を、時間のなかで占めるのである。プルーストは当時、映画的な言葉を用いて、時間は物体のうえに幻灯を翳し、複数の平面を深さにおいて共存させると語っている[14]」。

ドゥルーズが「時間の映画」について論じるのと同じ意味で、もし〈時間の文学〉なるものがあるとすれば、その創始者のひとりはやはり、プルーストということになるだろう。近代文学において、時間、過去、記憶といったものが、プルーストにおけるほど鮮明な主題となったことは、彼以前にはなかったものと思われる。この点において映画は、とりわけ現代の「直接的なイマージュ－時間」の映画は、何か根源的なものをプルーストに負っていることになる。ただしそれは、いわゆる影響といったものとは異なっている。言わば映画は、それ固有のイマージュの探求を通じて、プルーストと同種の問題を再発見することになり、彼に合流することになったのである。だからこそプルーストのヴィジョンは、ベルクソンの『物質と記憶』と同じくらい、映画について、ある預言性を秘めていたということにもなるのだ。ドゥルーズは書いている。――「もし記憶がレネの作品の明らかなテーマであるとするなら、もっと微妙な、隠れた内容を探してみるべき理由などなく、むしろレネが記憶の概念に被(こうむ)らせる変容を評価したほうがいい(プルーストによって、またベルクソンによって為されたのと同じくらい重要な変容を)。というのも、記憶はなるほど、もはや回想を得るための機能ではなくて、最も多様な様態(連続性だけでなく、非連続性、包摂、等々)において、過去の諸層と実在の諸層とを照応させる膜となるからだ。それらのうちの一方は、常に、そしてすでにそこにある内からやって来るとすれば、他方は、常に来たるべきものである外から生じるのであり、二つは共に、それらの遭遇にほかならない現在を浸蝕するのだ[15]」。

注意すべきだが、レネ、プルースト、ベルクソンは、「記憶」という「テーマ」によってある本質的な共通性、親和性を持つとしても、彼らによって同一の事柄が問題化されたり、論じられたりしていたわけではない。映画、文学、哲学という、それぞれ異なる領域において、「記憶」の概念は、「重要な変容」を被っているということが重要なのだ。言い換えるなら、「記憶」の概念は、『物質と記憶』の時点で完成してしまっていたのではない。それは、プルーストによって、レネによって、そして『シネマ2』におけるドゥルーズによって、幾つもの

「重要な変容」を被り、生成していると考えられる。だからドゥルーズは、レネによって新たにされた「記憶」概念の「変容」こそを捉え、評価しなければならないと述べるのだ。それがここで、「過去の諸層と実在の諸層とを照応させる膜」と呼ばれている点である。

この「膜」には、「スクリーン」、「脳膜」といった複数の次元と意味が新たに込められている。[16] また、ドゥルーズの言う「常に、そしてすでにそこにある内」が〈過去〉それ自体を指すのだとすれば、「常に来たるべきものである外」とは、絶対的に未知なる〈未来〉を指すと考えられる。だからそれら「二つは共に、それらの遭遇にほかならない現在を浸蝕する」と言われるのである。これは端的に、小説や哲学書を読むこととは異なる、映画を視聴するという特異な体験から引き出された、新しい視座であると言えるが、重要なのは、ドゥルーズがそれを、レネが作品を通じて「記憶」の概念にもたらした「重要な変容」のひとつとして捉えていることだ。

しかし問題はそれだけではない。同じ「記憶」がテーマになるとしても、プルーストが生きた時代とレネの時代とでは、大きく状況が異なっている。つまり一九二二年（プルーストの亡くなった年）に生まれたアラン・レネの作品に含まれている視座と、プルーストのそれとでは、世界が置かれた状況を含めて、著しく変化している。言い換えるなら、レネと二十世紀の幾つもの戦争、および世界の記憶や年代とを、切り離して考えることなどできないのである。レネの内部の主観的な記憶は、彼の外部にある、彼が生きた時代そのものの記憶と、必然的に関連性を持つほかない。ドゥルーズは言う。――「しかしもし記憶が内的なものと外的なものとして、相対的な内と外を連絡させるのだとすれば、ある絶対的な外と内が対面し、共現前するのでなければならないだろう。ルネ・プレダルは、いかにアウシュヴィッツと広島が、レネの全作品の地平線であり続けたか、ケロールが絶滅収容所との本質的な関係においてヌーヴォー・ロマンの魂とした「ラザロ的英雄」に、いかにレネの主人公が近いものであるかを示していた。レネの映画の人物は、厳密な意味でラザロ的である。なぜなら彼は死から、死者たちの国から再び戻ってくるからだ。彼は死を通過し、そして死から生じる。そのため彼は感覚－運動上の障害を抱えている。彼自身がアウシュヴィッツにいたわけでも、広島にいたわけでもないのに……。レネの人物は、医学上の死を経て、ある外観上の死から生まれる。彼は死者たちのもとから、アウシュヴィッツないし広島、ゲルニカないしアルジェリア戦争から帰ってくるのである[17]」。

　レネ自身が、「アウシュヴィッツにいたわけでも、広島にいたわけでもない」。しかしレネは、そして「レネの主人公」たちは、二十世紀の世界を貫く数々の戦争と死を見つめ、戦争と死を通過し、そこ――「ある絶対的な外と内が対面し、共現前する」地平――から回帰することをやめない。初期の短編記録映画「ゲルニカ」から、『夜と霧』、『ヒロシマ・モナムール』そして『ミュリエル』（アルジェリア戦争）へと、レネの作品は繰り返し二十世紀の戦争と世界の記憶をめぐっており、数々の死を通過してきた。あたかもレネにとって、映画のイマージュそのものが、現代の戦争の記憶から、「死」そのものから切り離しえないものでもあるかのように。レネの人物たちは「死者たちのもと」から、「死者たちの国」から帰ってくる。だから彼らは、聖書において死者の蘇生を表す人物、「ラザロ」的だと言われるのだ。

レネの主人公たちが、それぞれに何らかの「感覚−運動上の障害」を抱えているということは、だから偶然ではない。彼らは「死」から戻ってきたその代償として、何らかの身体的な、あるいは精神的な傷や障害を抱えている。そしてそれが、彼らが主体的に行動し、有機的に振る舞うことを妨げているのである。しかし知覚や感情が、有機的に行動へと延長されないそのぶん、彼らは見えないものを見ようと、聞こえない声を聞こうと、感じられない何かを感じようとし、さらに思考しがたい何かを思考しようとする。だから、――「レネの登場人物たちは、単にアウシュヴィッツや広島から戻ってくるというだけではなく、ある別の仕方で哲学者、思想家、思考の存在たちでもあるのだ。なぜなら哲学者とは、ひとつの死を通過し、死から生まれ、そしてまた、おそらくは同じ死であっても、やはり別の死へと向かっていく存在であるからだ[18]」。

　ドゥルーズが「哲学者」について、「死」と関連づけてこのように真っ向から語ったことは、おそらく他にほとんどないと思われる。しかもそれは、ドゥルーズの哲学における「生」の概念が、実のところいかにここで言われる「死」と近いものでさえあるか、ということを示唆してもいる（「それほどまでに多くの死者が過去の諸層に取り憑いている[19]」）。そしてそれはまた、いかに「記憶」と呼ばれるものが、単なる個人の思い出などではなく、膨大な数の死者たちから成るものであるか、ということも含意しているだろう。「哲学者」とは、誰よりもよくそのことを知っている者であり、彼自身が「ひとつの死を通過し、死から生まれ」、再びそこへと向かう者のことである。だから――「哲学者とは、それが間違っていようと正しかろうと、自分が死者たちのもとから戻ったと信じる者のことであり、あらゆる理由から、それら死者たちのもとへと回帰する誰かのことなのだ。哲学者は死者たちのもとから戻り、そしてそこへと帰っていく。これはプラトン以来の哲学の生きた公式である[20]」。

　こうした意味で、哲学者くらい「死者たち」と深い親近性を有している者などいないとさえ言える。しかしながら、哲学者が「死者たち」のもとから戻ったなどということを、誰も本気にしないかもしれない。とはいえそれは、ほとんどどうでもいいことなのだ。なぜなら哲学者とは、そう信じる者のことであり、そう信じることができる者だけが、哲学者であるとも言えるからだ。そしてそれは、なるほど「プラトン以来の哲学の生きた公式」なのかもしれないが、現代の、それも戦後の思想と深く関係していることも確かである。ドゥルーズは、はっきりと次のように述べている。――「思考が、アウシュヴィッツおよび広島に関わる何かを有するということ、それは戦後の偉大な哲学者たちや、偉大な作家たちが示していた通りであるが、同じようにウェルズからレネへと至る偉大な映画作家たちもまた、実に厳粛な仕方でそのことを示しているのである[21]」。

四　異常な運動

「すべての映画」は最初から、「すでに逸脱した運動と偽のつなぎからできていた」。前に引いた一節のなかで、ドゥルーズはそう述べていた。しかしそれはどういう意味だろうか。映画のなかの自然な動き、場面から場面への自然な推移、時間の自然な経過、有機的で無駄のない合理的な画面構成といったものは、実はみな見せかけだけのものであり、偽ものでしかないということを、ドゥルーズは言いたいのだろうか。単にそうであれば、映画はすべて嘘であり、〈作り事〉にすぎないと宣言した多くの論者たちと、大した変わりはないだろう。ドゥルーズの提起する「逸脱した運動」や「偽のつなぎ」は、そうした悲しげな主張とは何の関係もない。ドゥルーズはむしろ、それらこそが映画の本質であり、力であり、現実を「変調」させ、「〈実在〉の操作」となる潜勢力なのだと言っているのである。[22] 実際ドゥルーズは、戦後の「現代映画」の重要な特徴として、それらを包括して「偽の力」という概念で呼ぶわけだが、この「偽の力は、そのうえ直接的なイマージュ－時間における関係の総体を決定づける。最も一般的な原理」とまで述べているのである。[23]

ただし、この点においても私たちは、戦後から戦前へと、現代映画から古典映画へと、再び連れ戻されることになるように思われる。なぜならまず、「逸脱した運動と偽のつなぎ」によって「すべての映画」はできていたのだが、そのことをはっきりと悟れるようになるためには、「現代の映画が必要だった」とドゥルーズは述べていた。だがもしそうだとすれば、戦後の、「現代の映画」を観てきた者の眼には、「逸脱した運動」の最初の頂点のひとつが、戦前の『意志の勝利』のなかの、ヒトラーの自動人形めいた身振りのうちに、すでにまざまざとしたかたちで現れていたと映りはしないだろうか。つまり人は、「イマージュ-運動」が、まさにそれ自体において、根本的に逸脱した、異常な運動」であるということを、戦前の古典映画のうちに、繰り返し発見せずにはいられないだろう。[24]現代の観客の眼には、現代映画よりも、むしろ戦前の古典映画の人や物の動きのほうが、はるかに「異常な運動」に、「逸脱した運動」に見えてしまうということがある。そして何よりもリーフェンシュタールによる、あの壮大な演出と画面編集は、すべて見事なまでの「偽のつなぎ」によって作られたものではなかったか。

しかしこれは、『シネマ』の論旨への反駁ではない。逆に、ドゥルーズ自身がはっきりと見抜いていたことなのであり、それは『シネマ』の一種の気味の悪さと魅力の、核心にあるパラドックスではないかとさえ思われる。つまり戦後の現代映画が、「純粋な見者」を見出し、[25]過去の「亡霊」に付き纏われた奇妙な幻視者たちを、あるいは「既視感」に取り憑かれた者たちを、次々と登場させることになっていくのは偶然ではないのだ。

「運動」と「時間」という、二つの「イマージュ」の体制の問題は、二巻に分かたれた『シネマ』という書物の微細な襞を辿るなら、やはり第二次大戦の前と後、そしてそのあいだを旋回していると言っていい（ランシエールの言葉を借りるなら、それは「無限の螺旋」をなしている）[26]。現実にせよフィクションにせよ、大戦にまつわる数々の視聴覚的イマージュが、戦後、繰り返し生産され、それらは戦争による「断絶」の核のひとつとして、今なお埋め込まれているように見える。そしてさらにそれらは、特にアメリカ主導のもとで、戦後の「大戦」に劣らず層を断つ破壊力を持った「システマティゼーション、オートメーションへと接合不可能なまま、接合されていったと考えられる。映画やテレビ、ラジオや雑誌などの様々な視聴覚メディアの再編成と切り離すことのできない、戦後の大規模な「紋切り型(クリシェ)」の氾濫の時代が、こうして幕を開ける。

とはいえ、かつて「紋切り型(クリシェ)」の存在は、絵画をはじめ芸術的な創作行為にとって必ずしも妨げとなったわけではなかった。「しかし」とドゥルーズは言う、――「産業芸術という条件のもとでは、事態は同じではない。唾棄すべき作品が直接的に、最も本質的なものである才能や計画を標的にするからだ。それゆえ映画は、その量的な凡庸さによって死んでしまう。しかしながら、まだもっと重要な理由がある。大衆の芸術は、大衆の処遇において、真の主体としての大衆に到達するという目標から、切り離されてはならなかったのだ。それは国家によるプロパガンダと操作に陥り、ヒトラーをハリウッドに、ハリウッドをヒトラーに結びつける一種のファシズムに堕してしまった。精神の自動人形はファシスト的人間に成ったのである。セルジュ・ダネーが言うように、イマージュ－運動のあらゆる映画を問いに付したのは、「活人画となった大掛かりな政治的演出、国家によるプロパガンダ、はじめての人間の大量輸送」、そしてそれらの最も奥にある収容所なのだ。それこそが、「古い映画」の野望に弔鐘を鳴らしたのである」[27]。

この「古い映画」の野望を体現した者としてドゥルーズは、レニ・リーフェンシュタールの名を挙げている。しかし言うまでもなく、戦前と戦後、古典映画と現代映画、「イマージュ－運動」と「イマージュ－時間」の関係は、ヨーロッパでの戦争の問題の周辺だけに還元されるわけではない。「イマージュ－運動」のもう一方の極みを成す「ハリウッド」とは、言わばもういひとつの『意志の勝利』だったのではなかったか。「イマージュ－運動」は様々なものを取り込みながら進化、分岐を遂げ、今も巨大な「機械」として作動しつづけている。「ヒトラーをハリウッドに、ハリウッドをヒトラーに結びつける一種のファシズム」とドゥルーズは呼んでいるが、それは大戦期だけの特殊な事情に限られた話ではないように思われる。独裁と大衆－資本占拠の対として、それは現在へと至る戦後の世界史のなかで、数々の変貌を遂げながらも、繰り返し見出されることになる二つの頭であり、今もって現代という時代を徴づけている、深刻な相ではないのだろうか。[28]

第三章　記憶と忘却、そして偽の力

一　記憶と仮構

作り話をすること、つまり何かしら物語を仮構することは、誰もが多かれ少なかれ自然に行っていることである。幼児が独りで架空の人物をこしらえ、会話したりして遊んでいる様子を思い浮かべてみればいい。だがそれは、実は幼児に限った話ではないかもしれない。人はことさら作話しようとせずとも、自分の過去を人に語って聞かせる時、記憶の様々な断片に一筋の糸を通すようにして、物語を、歴史を紡いでいるとは言えないだろうか。あるいはこういうこともある。見たことのない情景を空想しようとして、実際の記憶が引き寄せられ、現実にどこかで目にした過去の光景が、脳裏に浮かんでくる。またそれとは反対に、過去のある場面を思い出していたはずが、かつて抱いた願望や空想とない交ぜになった、ありもしなかったはずの光景が目に浮かんでくる、見たはずもない人の姿が、生々しく身に迫ってくる。しかもそれは、夢においてばかりとは限らない。寝覚めの際（きわ）において、いや、白昼のただなかにおいてさえ生じることはある。現実とフィクションのあいだを漂う、記憶と想像をめぐるこうした類いの大小の経験は、小説家だけの特権ではないように思われる。

だから私たちの「記憶」と「仮構作用」──作話機能と呼んでもいいが──のあいだには、何か根源的な関係があると言えるだろう。あるいは、より一般的に「記憶」と「言語活動」、「過去」と「歴史」のあいだには、切り離しがたい関係があると言える。しかも私たちは、物事を記憶したり、人に語ってみせたりするだけでなく、過去の記憶内容を改変し、歪曲し、さらには抹消さえしているということ、それも自身の明白な意識とは必ずしも関係ないままに。すなわち無意識裡に、あるいは夢において、言語活動に基づくある種の「検閲」──さらに言えば創作、作話、改作──が、私たちの精神の内部で絶えず作動しているという事実に、初めて強い光を当てたのは、ほかならぬフロイトであった。

しかしまたその一方で、人は過去を刻々と忘却しながら日々暮らし、現実と想像の、在ったことと無かったこととの境を、曖昧に、だが自然に行き来してもいる。つい先日まで在ったはずの建物が取り壊され、更地に変わっている。そして以前そこに何が在ったのかをもう思い出せない。思い出そうとすればするほど、想起の糸口は見えなくなりさえする。生きるとは、記憶と一体となった忘却の過程そのものでもあるのだろうか。「仮構作用」とは、ならばその穴を埋めようと、あるいはどうにか繕おうとする、〈物語る生きもの〉に定められた、生の本能の一部でもあるのか。だがもしそうであれば、人間はその本質において、生存のために必要な「記憶」(動物には明らかにその能力が認められる)だけでは足りず、物語を必要としてもいる、特殊な生きものだということになるのかもしれない。

在ったことと無かったこと、現実と想像、真の記憶と偽の記憶の区分を溶かしては、忘却の彼方へと押し流していってしまう力が、私たちの内で、外で、絶え間なく働いている。それが「時間」と呼ばれるものである。過去の記憶の忘却は、物理的な面では、脳細胞の緩慢な死滅の過程に因ると言えるであろうが、もう一方では、私たちの欲望と言語活動に深く関わっているとも考えられる。つまり、〈語る〉という行為を夢や無意識にまで拡張して認めるとするなら、およそ語り、語られるすべての言葉は、その内容の真偽に拘わらず、人の一生を貫いて響いており、目覚めていようと眠っていようと、絶えず私たちの意識、無意識へと、不断に介入して已まないと言える。

しかし人は何かを記憶するだけでなく、のべつ忘却してもいる。だとすれば、記憶力よりも、むしろ生体に備わった忘却する能力を、機能の必然を、併せて問うてみるべきではないか。一体、忘れることなしに、私たちは自身の過去の重みに、過去の〈意味〉に耐えられるだろうかと。尋常な精神生活において、人は忘却することによって、あるいは抑圧し、改作し、曲げることによって、過去とどうにか折り合いをつけて生きているのではないか。しかしそのまた一方で、人は忘却を必要としているにも拘わらず、過去について何ごとかを思い出そうと、物語ろうとする。いや、せずにはいられないところがある。

これは確かに、記憶と忘却をめぐるパラドックスではある。しかしだからこそ人は、「記憶」という、あるいは「時間」という、不可解な存在の問題に直面することになるのではないか。

見かけのうえでの過去の忘却は、記憶そのものの消滅を、些かも意味してはいないだろう。むしろ忘却の彼方の、喚起されないままの記憶のほうが、根底において現在の人々の行動や意識を条件づけ、決定づけてさえいるのかもしれない。記憶が、常に表象可能なものであるとは限らない。回想された過去のイマージュは、厳密に言えばもはや過去ではない。それはなかば現在の意識に属している。だから人は、あれこれの具体的な過去の記憶内容によってよりも、むしろそれ以上に、喚起不可能なものとしての記憶、ないしは〈決定不可能な過去〉によって突き動かされているとさえ考えられるのだ。そして実にそれこそが、ドゥルーズによれば、「時間」と呼ばれるものの正体なのである。つまり――「記憶が私たちのうちに在るのではない。私たちのほうこそが、記憶‐〈存在〉のなかを、記憶‐世界のなかを動いているのである。要するに過去は、すでにそこに在るものの、先在全般の、最も一般的な形態として現れる」。そして「この観点からすると、現在そのものは、すでにそこに在るものの極限の尖端において構成される、限りなく収縮した過去としてしか存在しないことになる」[1]。

『物質と記憶』を注釈しながら、ドゥルーズは、「記憶」が私たちのうちに在るのではなく、反対に私たちのほうこそが、「記憶‐〈存在〉」のなかに在るのだということを繰り返し述べている。つまり「記憶」とは普通、個々人の意識、ないしは脳のなかに埋め込まれているかのように考えられているが、ベルクソンによれば決してそうではない。むしろ私たちのほうが、言わば巨大な「記憶」としての「〈存在〉」、「記憶」としての「世界」のなかに在るのだ。そうなると「時間」とは、「記憶」であり、「記憶」そのものであるということにならないだろうか。またこの考えに従うなら、「現在」も例外ではない。なぜなら「現在そのもの」もまた、もはや「限りなく収縮した過去としてしか存在しない」ことになるからだ。こうして一切は、突き詰めれば「過去」であり、「記憶」であり、「時間」であるということになる。この、ほとんど異様と言ってもいい思想（イデー）が、『シネマ2』における〈時間の探求〉の核にあると思われる。その点に私たちは、繰り返し立ち戻らされることになるだろう。

二　言葉、偽の力と記憶

――「現実のなかに嘘というものを設立するのは言葉（la parole）です。言葉は、存在しないもの（ce qui n'est pas）を導き入れるからこそ、存在するもの（ce qui est）をも導き入れることができるのです。言葉以前には何も存在しません。全く何も無いのです。おそらくすべてが既にそこにあるのでしょう。しかし存在するもの――真理や虚偽であったりするもの、ということはつまり存在するもの――と、存在しないものとがあるのは、ただ言葉によってのみです。現実的なもの（le réel）において真理が穿たれるのは、言葉という次元によってなのです。言葉以前には真実（vrai）も虚偽（faux）もありません。言葉と共に真理は導入され、嘘もまた導入されます。そして、さらに他の領域も導入されます」[2]。

これはジャック・ラカンの『フロイトの技法論』のなかの一節だが、ラカンがここで論じている事柄は、一挙に「記憶」、「時間」をめぐる問題のもうひとつの核心へと、私たちを連れて行くように思われる。なぜなら、ドゥルーズが『シネマ2』第六章「偽の力（les puissances du faux）」で展開しようとする理論も、まさにこの「真実」と「虚偽」の問題と密接に関わっているからである。だがまずは、ラカンの指摘において「現実的なもの（le réel）」と「存在するもの（ce qui est）」とが、同一の次元にはないことに注意しなければならない。前者が、ひとまず物理的な実在のことを指すのだとすれば、後者は、さしあたって「言葉（パロール）という次元」に属している。そしてこの「言葉（パロール）」こそが、「真実」であったり「虚偽」であったりするもの、つまりは真偽に関する問題を現実（レアリテ）のなかに導入するのである。「言葉（パロール）以前には何も存在しません」と言われるのはこの意味においてである。

　ではドゥルーズの提起する「偽（にせ）の力」とは何であろうか。「偽」ないし「虚偽」とは、たとえば騙り（かたり）であり、とりわけ「語ること」を通じて発揮される何かだと、ひとまずは言えるだろう。ありもしない過去を捏造するのも、あったはずの出来事をなきものとするのも、語られる「言葉（パロール）」によってであり、この「偽の力」に起因するものと考えられる。要するに「作り話（ファビュラシオン）」のことだ。ただしそれは、意図的な嘘や、偽証行為に限定されるものではない。なぜなら、他者に対して偽の記憶を植え付けようとするだけでなく、自分自身のうちにさえ、ありもしない出来事やイマージュを喚起し、生み出してしまう妄想の類いも、やはりこの「偽の力」にほかならないと考えられるからだ。この力は、したがって真偽の定かでない諸々の存在や出来事に関与するだけではない。まさにそれらを作り出し、増殖させ、真実を決定不能にしてしまう力そのものでもあると言えるだろう。だがそうなると、当然それは「過去」および「現在」、さらには「未来」へもその効果を波及させずにはおかない。つまり「偽の力」とは、「時間」の全体に本質的に関わるものであり、真なるもの、真理、また真実とされる歴史＝物語（イストワール）を攪乱し、その明証性を危機に陥れる、ある種の〈潜勢力〉だと考えられるのである。

　こうして「偽の力」と呼ばれる新たな視点から、「過去はひとりでに、自動的に保存される」というベルクソンの考えに、改めて向き合う必要性も生じてくる。[3] なぜなら、「言葉（パロール）」という次元、とりわけ「偽の力」としての「作り話（ファビュラシオン）」を通じて、まず私たちが直面することになる問題も、やはりこの「過去」の現存に、不可避的に関わることになるからだ。つまり私たちは、この現実において真に起こった出来事や確かな記憶を持つだけでなく、真偽の定かでない様々な過去の出来事や、存在に取り巻かれている。いや、人は常にそのようなものとしての「記憶＝世界」のなかに生き、活動しており、さらにはみずから記憶を偽造し、作り替え、改変し、生成させ、真偽の決定不可能な過去の光景を、出来事をまざまざと見、また見させようとすることさえあるのだ。

　だが、こうした現実の経験の水準において生じる事柄は、何らかの仕方で問題化され、提示されるのでなかったら、明確に把握されることはないだろう。文学は、しばしばそうした問題提起を行ってきたと言える。しかし映画もまた、固有の仕方でこうした問題を直接的に扱うことができるのではないだろうか。映画は文字に頼ることなく、直接的に「イマージュ」を提示することができ、またドゥルーズが示すように、その「イマージュ」を通じて、「記憶」、「時間」の領域を探求することができる。アラン・レネとアラン・ロブ＝グリエの協同による映画

『去年マリエンバートで』（一九六一年）は、まさにこうした意味で、真偽の決定不可能な過去の出来事の存在を、映画固有の仕方で問題化することによって、そのことをある極限において示し得た作品のひとつではなかったかと思われる。

ここにはすでに、ベルクソンの記憶の理論に接ぎ木された、新しい〈問題〉が現れていると言っていい。つまりそれは、過去、記憶、あるいは無意識における現実と想像の錯綜、虚偽やフィクションをめぐる問題にほかならない。そしてこの問題は、やはり精神分析の創始者フロイトの「無意識」や「欲望」の理論と無関係ではないだろう。――『科学的心理学草稿』にあるエマの症例の中でフロイトはヒステリーの根源的虚偽ということに触れている。ある種のヒステリー患者はまったくのでたらめを簡単にでっちあげるという傾向をもっているが、これはまさしく無意識の虚偽性を物語っているのだ。つまり、無意識の真理はフィクションであり、無意識には実際に起こったこととフィクションの区別はないのである」[4]。

ラカン派の卓越した精神分析家、向井雅明はこのような指摘をしている。だが、ここで重要なのは、真実と虚偽の区別の不在が、「ある種のヒステリー患者」だけに限った話ではなく、むしろ「無意識」の本性として、敷衍して言えることなのではないか、と考えたフロイトの洞察のほうにあると思われる。「無意識には実際に起こったこととフィクションの区別はない」のだとすれば、「真実」の地位はある面で脅かされるほかない。ここには、精神分析の観点から危機にさらされた、「真理」の問題の一端が垣間見える。

おそらくドゥルーズが、ベルクソンの「時間」に導入しようとしていた問題のひとつも、このことと深く関係している。つまり、記憶ないし潜在的な過去の水準においてもまた、「実際に起こったこと」（現実）と「フィクション」（虚構）の区別はできない、もしくは両者は識別不可能になるということがある。ただ注意しておかねばならないが、フロイトの「無意識」とベルクソンの「記憶」の理論を関連づけているのは、他の誰でもなく、ベルクソン自身であり、ドゥルーズはそのことを一貫して重視していた。[5] ドゥルーズが『シネマ2』第四章で「イマージュ－結晶」の概念のもとに定式化することになる、「現実と想像の識別不可能性」という視座は、この問題を独自に取り上げなおしたものでもあるように思われる。実際『シネマ2』刊行後の、まさに「想像界への疑義（Doutes sur l'imaginaire）」と題されたインタヴューのなかで、ドゥルーズははっきりと、ラカン派の「想像界」の概念の不十分さを指摘しており、それに替わるものとして、「現実と想像」、「現実的なものと潜在的なもの」を識別不可能にする「結晶」の理論を提示したと述べているからである。[6]

それに加えてドゥルーズは、続く第五章のなかで「言語学的な着想による記号学の信奉者たち」を引き合いに出し、「多くの注釈者たちが、現実と想像の水準を乗り越える必要性を認めている」としながら、「しかし彼らにとって第三の水準が「シニフィアン」であるのに対し、私たちの探求は、イマージュ－時間とその非シニフィアン的な力に向けられている」と述べている。[7] つまりドゥルーズは、従来の言語学的なモデルに替わる、新たな思考のモデルとして

「イマージュ－時間とその非シニフィアン的な力」を提起しようとしていることが読み取れる。それが第六章で提起され、集中的に論じられる「偽の力」と呼ばれるものなのだ。これは別の面から言えば、ラカンが述べた「言葉（パロール）という次元」が作り出す真偽に関する問題に対し、「シニフィアン」ではなく、「非シニフィアン的な力」としての「偽の力」の理論の構築によって答えようとする、ドゥルーズ固有の試みだと考えられる。

「過去」は、何ひとつ失われることなくそれ自体において残存する。このベルクソンの「時間」に関する本質的テーゼは、この「偽の力」の概念と共に、改めて徹底的かつ厳密に思考されねばならないものとなる。なぜなら、そのようなものとしての「過去」は、フィクションもイマジネーションもファンタジーも妄想も含め、およそ人が見たもの、聞いたもの、感じたもの、また思考し、思考されたあらゆる事柄を含んでいることになるからだ。それらはまさに、真偽の決定不可能な諸々のイマージュや出来事であり、それらもまた無意識として、あるいは潜在的なものとして残存する。ではそれらは残存してどうなるのか。現在へと、そして未来へと、反復的に回帰することになるのだ。

ただし、これら一連の問題が、生きられた現実の経験や対象からではなく、具体的な映画作品から引き出されてきたものだという点は、改めて注意しておくべきだと思われる。ドゥルーズにとっては、映画が現実社会の何かを反映したり、本物らしく表象してみせたりすることなど実はどうでもいい。重要なのは映画が、現実のなかに確かにありながらも、誰によってもはっきりとは知覚されることも思考されることもなかった事柄を、現に見えるようにし、思考可能なものとして提示することにこそあるのだ。

三　有機的な体制と結晶的な体制

ドゥルーズは、古典映画と現代映画を区別するうえでの指標として、「運動」と「時間」の概念を提示しているが、作品構成の観点からそれを、「有機的な体制」と「結晶的な体制」と言い換えてもいる。そしてそれらは、まず「描写」、ついで「語り（ナラシオン）」の観点から対比されることになる。ドゥルーズの「偽の力」の理論の前提となるそれらを、ここで簡潔に確認しておかなければならない。――「私たちは一点一点、イマージュの二つの体制を対立させてみることができる。有機的な体制と結晶的な体制、あるいはもっと一般的には、運動的体制と時間的体制である。第一の点は、描写に関わっている。対象の独立性を想定した描写は、「有機的」と呼ばれるだろう」[8]。

古典映画のうちに認められる、この「有機的」な「描写」の特徴とは、作品のなかの「対象の独立性」、および客観性が常に想定されている点にある。それに基づいて、登場人物のあいだで、様々なアクションとリアクションが引き起こされることになるのだ。それが「有機的」と形容されるのは、たとえばチャップリンの映画を想起してみるといいが、作用と反作用、能動と受動、主体と客体が見事に連関し合った流れとリズムを構成しているからにほかならない。――「反対に「結晶的」と呼ばれるのは、描写の対象と等価な描写、この対象に取って替わり、ロブ=グリエが言うように、この対象を創り出すと同時に消し去る、そのような描写である。そしてそれは、先行する描写と矛盾し、それらの位置を変え、あるいは変更を加えて、絶えず他の描写へと場所をゆずるのである」。

「結晶的」描写の例としてドゥルーズは、アラン・ロブ=グリエの名を引いているため、具体例に沿って見ていこう。実際、ロブ=グリエの小説や映画では、個々のシーンの前後関係や、ショット間の「有機的」な連鎖が、しばしば奇妙な逸脱や反復によって壊されたり、中断されたりする。たとえば『去年マリエンバートで』において、主人公の二人の男女は、そもそも「去年」本当に出会ったのか、それとも出会わなかったのか……。いやそれどころか、彼らの「現在」における再会そのものも、最後まで曖昧で、不確かなままであり続ける。すなわち、この映画では「対象の独立性」は些かも想定されておらず、むしろ「対象を創り出すと同時に消し去る」かのように、二人の男女の交渉が「描写」されているのである。

それゆえ二種類の「描写」は、次のように対比される。――「実際のところ、性格づけられた環境の独立性を前提とした有機的な描写は、感覚-運動的な状況を定義するのに役立つ。一方、結晶的な描写は、描写の対象そのものとなり、みずからの運動的な延長から切り離された、純粋に視覚的で音声的な状況へと差し向けられる。すなわちそれは、見る者の映画であって、もはや行動する者のそれではない」[10]。

「行動する者」から「見る者」の映画への変容、そこにドゥルーズの考える「現代映画」の重要な特徴のひとつがある。すなわち、まず「運動」から「時間」への転換は、構成の観点では「有機的な描写」と「結晶的な描写」の差異によって徴づけられ、前者は「感覚‐運動的な状況」に、後者は「純粋に視覚的で音声的な状況」に対応する。そしてそれは、「行動する者」から「見る者」への、登場人物の変貌によって表されるのである。以上のドゥルーズの論述はすべて、「イマージュ‐運動」と「イマージュ‐時間」、「運動的体制」と「時間的体制」、「古典映画」と「現代映画」のあいだの差異を、様々な観点から指摘し、言い換えたものにほかならない。

では次に「語り」の観点からなされる、それら二つのタイプのイマージュの対比を見ていこう。「偽の力」の問題へと、私たちは徐々に接近している。――「第三の点は、もはや描写にではなく、語り(ナラシオン)に関わる。有機的な語りは、感覚‐運動的な図式の発展から成り、それによって人物たちは、諸々の状況に反応するか、またはその状況を明らかにするように行動する。それが真正な語り(la narration véridique)であり、この意味でそれは、フィクションにおいても真であることを要求するのである」[11]。

ここでもまず、「有機的」な語りの構造が最初に示され、すぐ後で「結晶的」と呼ばれる「語り」が対置されている。注目すべきなのは、ドゥルーズが「有機的な語り」を、「真正な語り」と言い換えている点である。「真正な」と訳した《véridique》は、「真理」や「真実」を意味する《vérité》に通じる形容詞であり、「真実の」と訳すこともできる。この語は通常、肯定的な意味で使われるはずだが、ドゥルーズは反対に、批判的な意味で用いている。なぜだろうか。

まず、映画における「真正な語り（ナラシオン）」の代表例として、ハリウッド製のリアリズム作品が挙げられている。それらの作品を観ると、人は「まるで現実のようだ」、「リアルだ」と口にする。だがそれは何を意味しているのだろうか。その時、人は当該の映画が「フィクション」であるという明確な意識を保持しており、そのうえでその本物らしさ、真実らしさについて語っていると考えられる。つまり「真正な語り」が、「フィクションにおいても真であることを要求する」とドゥルーズが述べるのはそのためだろう。しかしそれは、あくまでも擬似的なリアリティであって、本物ではなく本物らしさにとどまり、またとどまり続けなければならない、ということを含意している（なぜならハリウッドにとって、映画はあくまでエンターテインメントでなければならないからだ）。この点を押さえておくことが、後ほどドゥルーズの「偽の力」の理論を検討していくうえで重要になるだろう。

しかしその前にまだ、「真正な語り」の構造を、対比的に見ておく必要がある。「真正な語り」は、「感覚‐運動的な図式」に依拠していると言われていた。この図式は、状況に対する登場人物の諸々の反応の有機的な連鎖のことを指しており、それは「語り（ナラシオン）」が時系列的な継起の規則（起承転結）に従って、合理的に展開されることを含意している。ドゥルーズは言う、――「結晶的な語り（ナラシオン）は、それとはまったく別のものである。というのもそれは、感覚－運動的な図式の崩壊を含んでいるからだ。感覚－運動的な状況は、純粋に視覚的かつ音声的な状況に場所を譲り、登場人物たちは見者と成って、もはや状況に反応することもできなければ、それを望むこともない。それほどまでに彼らは、状況のなかにあるものを「見る」ことに達しなければならないのである」[12]。

　映画における「語り（ナラシオン）」が、登場人物のアクション－リアクションの連鎖に依存している限り、それがどれほど複雑で、どんでん返しや逸脱、または過去のフラッシュバックを含んでいようとも、それは「有機的な語り」であり、時系列的な順序を踏まえた、起承転結の構造にできている。一方「結晶的な語り（ナラシオン）」はそうではない。なぜならそれは、登場人物のアクションの連鎖を切断する、「感覚－運動的な図式の崩壊」を含んでいるからだ。

　ただし、こうした新たな「語り」が誕生するためには、幾つかの重要な条件がそろう必要があった。その重要な契機となるもののひとつが、大戦であったことはすでに見た。映画が、「イマージュ－運動」から「イマージュ－時間」へと変貌するためには、「感覚－運動的な状況は、純粋に視覚的かつ音声的な状況に場所を譲り、登場人物たちは見者と成」らなければならない。「見者」へと生成した人物は、もはや以前のようには、知覚を「有機的」に行動へと延長させることはない。戦後に現れた「結晶的な語り」の主人公たち、たとえばロッセリーニの

『ストロンボリ』や『ヨーロッパ一九五一年』のヒロイン、あるいは『去年マリエンバートで』や『ミュリエル』のヒロインは、それぞれまったく異なる状況においてであるが、石化したように目を見開いたまま、根源的な、一種の行動不能状態に襲われる。つまり「結晶的な語り」は、映画を有機的に展開させることなく、「純粋に視覚的かつ音声的な状況」のなかで、張りつめた、結晶的な諸状態に、ヒロインたちを置くことになるのである。

　人物たちが捕えられた結晶的な諸状態、また戦後になって露呈した「純粋に視覚的かつ音声的な状況」は、もはや時系列的に物語を展開させることも、有機的な調和や結末へと収斂していくこともない。なぜなら映画は、その固有の視覚および聴覚を通じて、従来の本物らしさのリアリズムへの志向を放棄し、「ネオレアリズモ」と呼ばれる〈新たな現実〉の探求へと向かうことになったからだ。有機的な起承転結によって構造化された、「真正な語り」は放棄されなければならない。なぜなら新たな〈現実〉には、あらかじめ用意された時系列的な物語構造など、どこにも用意されていないからだ。今や――「私たちは、非時系列的で、年代記的な時間（un temps chronique, non-chronologique）を手にしているのであり、それが必然的に「異常」で、本質的に「偽(にせ)」の運動を産出するのである」[13]。

　だが、ここでドゥルーズの言う「非時系列的で、年代記的な時間」とは、一体どのようなものなのだろう。「年代記」とは普通、様々な出来事を、それが起きた順序に沿って叙述したものを指すと考えられる。そのような時間が「非時系列的」であるとはどういうことか。ドゥルーズ自身が、映画作家フェデリコ・フェリーニの言葉を引いて、それに答えている。――「フェリーニが語っていることはベルクソン的である。すなわち、私たちは記憶によって構成されているのであり、私たちは同時に、幼年であり、青年であり、老年であり、また壮年でもあるのだ[14]」。

私たちのうちには、幼年時代、青年時代、あるいは壮年時代や老年時代といった様々な「年代」が、すべて「同時に」共存している。これはドゥルーズによれば、まったく「ベルクソン的」な時間の捉え方なのである。なぜなら私たちの過去は、大地に堆積した地層にも比される仕方で、様々な層として、一切が滅びることなく潜在的に共存していると考えられるからである。「非時系列的」でありかつ、「年代記的」でもあるとは、こうした様々な年代の同時的な共存を意味している。だからそれは、時系列的な時間の体系だけを信じる者にとっては、「異常」なものに、「偽」ものに見えてしまうのだ。それゆえ、――「もし時間が直接現れるとすれば、それは脱現実化された現在の複数の尖端においてであり、潜在的な過去の諸層においてである。時間の間接的なイマージュは、感覚‐運動的な状況に応じて、有機的な体制のなかで構築されるが、それら二つの直接的なイマージュ‐時間は、純粋に視覚的かつ音声的な状況に基づき、結晶的な体制のなかで見えるものとなる」のだ[15]。

四　「偽の力」の理論へ

これまでドゥルーズが挙げた二つの「体制」、二種類の「描写」、二つのタイプの「語り」という三つの視点から、映画のイマージュについて見てきた。ドゥルーズが次に挙げるのが、第四の点である。そしてそれは、ドゥルーズによる「偽の力」に関する理論の重要な一部となっている。

──「第四の点、それはいっそう複雑で、あるいはより一般的なものだが、そこから生じる。思想史を検討してみるなら、時間が絶えず真理の観念を脅かしてきたということを、私たちは認めることになる。個々の時代によって、真理がそれぞれに異なるということではない。時間の単なる経験的な内容ではなく、それは時間の純粋な形態、あるいはむしろ威力であって、それこそが、真理を危機にさらすのである。このような危機は、すでに古代からあり、「不慮の未来」に関するパラドックスのなかにはっきり現れている[16]」。

ではその古代ギリシャにまで遡るという、「真理」と「時間」の関係をめぐる「パラドックス」とはどのようなものか。ドゥルーズは次のような例を挙げている。──「もし海戦が明日起こり得るというのが真なら、いかにして次の二つの帰結のうちのひとつを回避できるだろうか。すなわち、不可能が可能から生じる（というのは、もし海戦が起きるなら、もはやそれが起こらなかったということはあり得ないからだ）。あるいは、過去は必ずしも真ではない（というのは、海戦は起こらないこともあり得たからだ）。このパラドックスを、詭弁として扱うことは易しい。だがそれでもこれは、時間の形態と、真理の直接的な関係を思考することの難しさを示しており、それがやむを得ず、真実を存在するものから遠いところに、永遠や、永遠を模倣するもののなかに、閉じ込めておくようにするのである」。そこでドゥルーズはさらに、この問題を刷新した、哲学者ライプニッツを召喚し、述べている。――「このパラドックスの、最も巧妙な、だが同時に最も奇妙で最も屈折した解決を得るには、ライプニッツを待たねばならないだろう。ライプニッツは言う。海戦は起こることもあり得るし、起こらないこともあり得る。が、それは同じ世界のなかでのことではない。すなわち海戦は、ある世界では起こり、またある別の世界では起こらない。そしてこれら二つの世界は可能だが、お互いに「共立可能」ではない。それゆえライプニッツは、真理を救済しつつ、このパラドックスを解くために、共立不可能性（*incompossibilité*）という美しい概念（矛盾とは大変異なった）を、作為しなければならない。すなわちライプニッツによれば、それは不可能なものではなく、単に、可能なものから生じる共立不可能なものなのである。そして過去は、必ずしも真であることなしに、真であるかもしれない[17]」。

ライプニッツによる以上の見解は、確かに「最も奇妙で最も屈折した」ものであるように見える。とりわけライプニッツはここで、「世界」の多元論を主張しているかのようだ。しかしそうではない、とドゥルーズは言う。ライプニッツの論旨において、力点は複数の世界の「共立不可能性」のほうにこそあるからだ。しかし、そもそもライプニッツが、この古いパラドックスを、十八世紀にあえて取り上げ直したことの狙いは一体どこにあったのだろうか。それは、当時、神の存在を暗に否定しようとする者たちに対し、神を弁護するためであったと考えられる。ライプニッツのテクストが『弁神論』と呼ばれるのは、まさにそのためだろう。すなわち、神がこの世界を創造したのであれば、他の様々な世界の存在は、論理的には「可能」であるとしても、神によって創られた唯ひとつのこの世界とは、「共立可能」ではない。そのことを論証すべく、ライプニッツのテクストは書かれたと考えられるのだ。

ドゥルーズもまた、ここで「真理」に関する問題を、ライプニッツを介して改めて提起しようとしている。しかしそれは、ライプニッツとは反対に、「真理」を批判するためなのだ。だからドゥルーズは、「ライプニッツの『弁神論』、この驚くべきテクストは、現代文学すべてのひとつの源泉であるように、私たちには思われる」と一方では賞賛しつつも、「とはいえライプニッツは、〈真理〉を救うことを望んでいることに、人は気づくだろう」と述べて、一定の保留をする。[18] ライプニッツにとって「〈真理〉」は、神の存在証明とひとつなのだが、ドゥルーズ自身の意図は、ではどこにあるのか。それを見ていこう。

まずライプニッツの提起した「共立不可能性」という概念を押さえておくと、それはある事象と、あるもうひとつの事象が、〈共に〉成立することの不可能性のことを指している。先ほどの例で言えば、明日、海戦が起こることと、海戦が起こらないこととは、それぞれを別々の世界に振り分けて考えてみるなら、どちらも論理上は可能である。しかしそれらは、同じこの世界で〈共に〉可能とはなり得ない。これが「共立不可能性」の基本的な意味である。しかしなぜライプニッツは、そもそもこのような入り組んだ言い方をする必要があったのか。その理由は、神による最良の世界の選択という原理が働いていることを示すためであったと考えられる。すなわちライプニッツにとって、この世界およびそこで起こる出来事には、すべて神による選択が働いており、そうである以上、様々な可能性のなかでも最良のものでなければならない。したがって、この世界のなかで起こる、あるいは起こった出来事のうちにこそ「〈真理〉」はあることになるだろう。要するに、「共立不可能性」という概念は、神の存在に基づく「〈真理〉を救う」ために作為されたのであり、ドゥルーズが「ライプニッツは、〈真理〉を救うことを望んでいる」と述べるのは、そのためなのだ。だが現代において、神の存在も、神による選択ももはや前提できない以上、これで問題が解決されるわけではない。実際ドゥルーズは、ただちに次のように続ける。

――「しかし、このようなかたちで認められた真理の危機は、解決されるというよりも、むしろ中断されるだけである。なぜなら、諸々の共立不可能なものが同じ世界に属していると、また複数の共立不可能な世界が同じ宇宙に属していると断言することを、妨げるものは何もないからだ。「たとえば、ファン（Fang）という人物が、ある秘密を握っているとする。見知らぬ者が、彼のドアを叩く……。ファンは侵入者を殺すかもしれないし、侵入者がファンを殺すかもしれない。二人とも死を免れるかもしれないし、二人とも死ぬかもしれない、等々……。あなたは私のところにやってくる。だが、可能な過去のひとつでは、あなたは私の敵であり、ある別の過去では、私の友である……」。これが、ライプニッツへのボルヘスの応答である。すなわち、時間の威力としての、時間の迷宮としての直線はまた、分岐し、分岐し続けることを止めない線でもあって、共立不可能な複数の現在を通って、必ずしも真とは限らない複数の過去へと再び帰ってゆく[19]」。

これこそ、まさに「真正な語り」に対置されるべき、「偽の語り」である。ただし、「時間」をめぐる諸々のパラドックスは、それによって解消されるのではなく、むしろ増殖する。つまりドゥルーズがライプニッツから「共立不可能性」の概念を引いてきたのは、「〈真理〉」を救済するためなどでは毛頭なく、むしろまったく反対に、「〈真理〉」の観念を批判し、それを失墜させてしまうためなのだ。そこで召喚されたのが、現代の作家ボルヘスの小説「八岐（やまた）の園」（一九四一年）である。とはいえドゥルーズは、ライプニッツに代わって、ボルヘスと共に新たな多元論的な世界観を主張しようとしているのではない。むしろ反対にドゥルーズは、「諸々の共立不可能なもの」を唯ひとつのこの「同じ世界」に、「複数の共立不可能な世界」をこの

「同じ宇宙」に、分裂したまま、「共立不可能」なまま、包摂しようとしているのである。

——「そこから語り(ナラシオン)の新たな規定が生じる。語りは真正であることを止める。つまり、本質的に偽る(いつわる)ものになるため、真であることを要求するのを止めるのである。それは、「みなそれぞれに真理がある」ということではまったくない。内容に関する可変性のことではまったくないのだ。それは偽(にせ)の力であり、真なるものの形式を失墜させ、それに取って替わる。なぜなら偽の力は、共立不可能な現在の同時性を、あるいは必ずしも真とは限らない過去の共存を提起するからだ。結晶的な描写は、すでに現実(レエル)と想像(イマジネール)の識別不可能性に達していたが、偽の語り(ナラシオン)は、それに対応しながら、さらにもう一歩を踏み出す。そして現在に対しては説明不可能な諸々の差異を、過去に対しては真と偽のあいだでの決定不可能な諸々の選択肢を提起するのだ。真正な人間は死に、真理のあらゆるモデルは、新たな語り(ナラシオン)のために崩壊する。私たちはまだ、この点に関する本質的な作家について語っていなかった。すなわちそれは、ニーチェである。彼は「力の意志」の名のもとに、真理の危機を解決し、決定的にそれを調整することを望む。だがライプニッツとは反対に、真なるものの形式を、偽(にせ)なるものとその芸術的、創造的な力に役立つよう、偽の力で取り替えてしまうことによってそうするのだ……」[20]。

先ほどのボルヘスのテクストを、最終的に条件づけることになるのは、ライプニッツではなく、ニーチェの「力の意志」であり、「偽の力」であることがここではっきりと表明された。哲学、小説、そして映画を貫く〈潜勢力〉がこれである。——「小説から映画に至るまで、ロブ＝グリエの作品は、イマージュの生産原理としての偽の力を示している。それは「ご注意を！　これは映画です」といった単なる反省の原理でも、自覚でもない。それはインスピレーションの源泉なのである」[21]。

「イマージュ－時間」を規定する「第四の点」にして、最も重要な点が、ここで詳細に語られたわけだが、この「偽の力」によって、それまでの『シネマ』の論述すべてが、ある意味で新しい様相を帯びることになる。この点でそれは、『シネマ』の時間論を正確に理解するための重要な鍵となる。しかもこの「偽の力」は、言語活動と分かち難く結びついており、ドゥルーズの重要な概念「出来事」や「生成」にも、やがて深く関係していくことになるだろう。

話を「真理」の問題に戻すが、ドゥルーズによれば、哲学において「真理批判」を最初に、徹底的に遂行してみせたのはニーチェである。ボルヘスもロブ＝グリエも、ニーチェの真理批判に文学の立場から合流している。したがって、ライプニッツからボルヘス、ロブ＝グリエへと至る思考の線は、ニーチェの「力の意志」、特にドゥルーズの言う「偽の力」によって、ひとつに束ね上げられるだろう。そしてここで、ベルクソン哲学には明示的には認められなかった、〈真偽〉に関する新たな問いが、明確に「時間」の問題として立てられることになったのである。ドゥルーズは次のように書く。――「偽の力は、そのうえ直接的なイマージュ－時間における関係の総体を決定づける、最も一般的な原理だということがわかる。とある世界のなかで、二人の人物は互いに知り合いである。また別の世界では、彼らは知り合いではない。さらにまた別の世界では、一人が他方を知っており、また別の世界では、別の一人が他方を知っている。あるいは二人の人物は互いに騙し合っている。一方が他方を騙している。どちらも騙していない。そしてついに一方と他方は、二つの異なる名前の同じ人物であったことが露呈したりする。すなわち、ライプニッツが信じていたのとは反対に、これらすべての世界は、同じ宇宙に属しており、同じ物語の様々な変更（les modifications）を構成する。語りはもはや、（感覚－運動的な）現実描写によって関連し合う、真正な語りではない。描写が描写自身の対象と成るのと、語りが時間的かつ偽るものと成るのとは、同時に起こるのだ。結晶の形成、時間の威力、そして偽の力は、厳密に相補的であり、イマージュの新たな座標として絶えず互いを前提し合う[22]」。

『シネマ2』後半部の開始を告げる第六章で、ニーチェ由来の「偽の力」なる概念がはじめて提起されたわけだが、それは、それまで純粋にベルクソン的であった「直接的なイマージュ－時間における関係の総体を決定づける、最も一般的な原理」とまで言われる。それまでの『シネマ』の論述が、ベルクソン哲学を軸にして展開されてきたことを想うなら、これがいかに大きな転回であるかがわかる。それはベルクソンの「時間」概念への、新たな問題系――「真」と「偽」、真実とフィクション――の接合を、明確に示している。ではニーチェの導入によって、時間論におけるどのような差異が、今後ベルクソンとドゥルーズのあいだに生じることになるのだろうか。

まず、「偽の力」が導入されたことで、映画のイマージュに、一体どのような変化が生じるのかを見ていこう。彼は書いている。——「興味深いのは、イマージュの新たな規定であり、描写－語り（ナラシオン）のこの新たなタイプが、なによりも、それぞれ非常に異なった偉大な作家たちに、霊感を与えているという点である。偽造者〔偽る（いつわ）人〕（le faussaire）が映画の登場人物そのものに成るということによって、すべてを要約することができる。すなわち、もはやイマージュ－行動の映画におけるような、犯罪者、カウボーイ、社会心理学的人間、歴史的英雄、権力者、等々ではなく、あらゆる行動を犠牲にした、純粋にして単純な偽造者である。偽造者は、これまで、嘘つきや裏切り者といった、限定されたかたちにおいてのみ存在することができたが、今やそれは、限定されない形象を得て、あらゆる映画作品に浸透していく。それは同時に純粋な描写の人であり、イマージュ－結晶を、現実と想像との識別不可能性を造り上げる。それは結晶のなかを通過し、直接的なイマージュ－時間を見えるようにする。それは決定不可能な諸々の選択肢と、真偽のあいだでの説明不可能な諸々の差異を喚起する。そして、まさにそれによって、時間を制御している真なるもののあらゆる形式に対抗する、時間に適ったものとしての偽の力を押し出すのである」[23]。

この、「偽造者」ないし「偽る（いつわ）人」、または「欺く（あざむ）人」とでも訳すことのできる《faussaire》は、「偽の力」を具現するもの、言わばそのエージェントである。しかしこの「偽造者」ないし「偽る人」を、登場人物の「自己同一性」に関連づけて捉えることはできない。なぜなら

「偽の力」の働きによって、登場人物たちだけでなく、私たち観客も、「誰が本当に偽っているのか」を、見通すことのできない状況に絶えず晒されることになるからだ。「偽造者」が「限定されない形象を得」ると言われるのは、そのためである。

　このような映画の先駆的作品として、オーソン・ウェルズの『上海から来た女』（一九四七年）が挙げられているが、ここでもその系譜に位置づけられる『去年マリエンバートで』が大いに参考になる。この作品では、主要な二人の男女ともうひとり、女の夫とおぼしい第三の人物が登場する。だが、そのうち一体誰が「真実」を握っていて、誰が偽っているのか。すべてを知っているのは、この第三の人物だろうか。おそらくそうではない。「真実」は最後まで明らかとはならず、それどころか、ここではその「真実」の観念こそが、つまり「真なるもの」という理想こそが、「必ずしも真とは限らない過去の共存」によって、問いに付されることになるからだ。こうして「偽の力」は、不特定の「偽造者」という「限定されない形象を得て」、すべての登場人物へと浸透していき、「決定不可能な諸々の選択肢と、真偽のあいだでの説明不可能な諸々の差異を喚起する」ことになるのである。

　繰り返すが、こうした真偽の決定不可能性を導入する「偽の力」こそ、ベルクソンの時間論には見られなかったものであり、ドゥルーズの時間論の本質的な特徴のひとつをなすものとなる。しかしながらそれは、また別の側面から、ベルクソンの「仮構作用」の概念へと結びついてもいるということを、私たちはすでに見た。ドゥルーズの哲学が、単純な影響関係や前後関係によってはいかに規定不可能であるか、またいかにそこには、様々な概念の接合、交叉、再創造、さらには逸脱と差異化が認められることか。そうした点こそを人は、見定めなければならない。

第四章　真理批判——裁きと決別するために

一　真正な語りと「判断の体系」

『シネマ2』第五章でドゥルーズは、「現実（レエル）と想像（イマジネール）の領域」よりも「さらに一層恐るべき、真と偽という領域」という言い方をして、来たる第六章「偽の力」を予告している。[1] だが、なぜ「真と偽」が「さらに一層恐るべき」領域と言われるのだろうか。しかもドゥルーズはその領域を、「時間のなか」に位置づけているのだが、それはどういう意味なのか。まずそれは、〈真偽〉に関する判断が、私たちの生、また時間に対して斜めに介入することになるからだと思われる。たとえば、有罪と判定された者が長い期間収監され、その後で冤罪が証明されたとしたら、その人物のそれまでの「時間」は一体どうなるのだろうか。あるいは、死刑判決を下された人物の、嫌疑そのものが偽造されたものか誤りだったとしたら、その人が生きた時間はどうなってしまうのだろうか。つまり、審理の場における〈真偽〉に関わる判断は、無罪と有罪、善と悪の判定に直結しており、そこから〈法〉に関わる問題の全系列が立ち上がってくることになる。「真と偽という領域」が、「恐るべき」ものであり、「時間のなか」に位置づけられる理由は、たぶんこのあたりにあるのだろう。

法に関わる問題を、法そのものに内在する不条理に至るまで思考し、表現してみせた最大の作家は、フランツ・カフカであると思われるが、確かに「真と偽という領域」は、〈法〉に本質的に関わる限りで、言い換えるなら、〈裁き〉に関わる限りにおいて人間固有の領域であり、あらゆる人間にとってそれは、逃れることのできない「恐るべき」領域であると言える。法廷が「真理」を司る場である以上、もし法廷そのものが計り知れない別種の権力と結びついていたとしたら、人は一体どうすればよいのだろうか。要するにドゥルーズはここで、ベルクソン的な「イマージュ－時間」のなかに、まったく新たなタイプの問い、すなわちカフカ的で、さらにはニーチェ的でもある〈法〉に関する、〈裁き〉に関する、また〈権力〉に関する問題系を導入しようとしていると考えられる。

　しかし映画と法とは、また奇妙な取り合わせに思われるかもしれない。だが果たしてそうだろうか。まず問題となるのは、映画作品の内容やテーマ以前に、構成そのものである。一本の映画は、一定の規範に基づいて編集され、構成されている。いわゆる映画文法と呼ばれるものがそれだ。そうした、ほぼ制度化されている物語形式を、ドゥルーズは「真正な語り」と呼んだわけだが、ではその「語り（ナラシオン）」は、根本的に何を根拠として構築されているのだろうか。ドゥルーズは「真正な語りが、空間における法に適った連結と、時間における時系列的な関係に従って有機的に展開される」ことをまず指摘したうえで、ただちに次のように断言する。――「だが明瞭であろうとなかろうと、それは常に、語りが頼むひとつの判断の体系（*un système du jugement*）なのである」と。[2]

映画における「真正な語り」が依拠しているのは、「空間における法に適った連結と、時間における時系列的な関係」である。しかしさらに根本的に言えば、それは「ひとつの判断の体系」にほかならない、とドゥルーズは述べる。「法に適った」とはここでは、理性的、合理的な判断に基づいたという意味であり、古典的な「イマージュ-運動」の映画はどれも、原則的にそのような連結によって、あるいはそのような連結を目指して構築されていたと言える。そもそも「真正な語り」を成立させているのは、「ショット」と「ショット」を自然な、または「有機的」なつながりに見えるように接合する編集技法であり（たとえばイマジナリー・ラインの原則などがそのひとつだが）、まさに「空間における法に適った連結」そのものを指している。そして、それらの連結からなる個々のシーンは、明確な「時系列的な関係」に基づいて配列される。だが、最終的にそれらに根拠を与えているのは、ドゥルーズによれば、作り手と観客のあいだで共有された合理的判断であり、特定の「判断の体系」にほかならない。

この体系に基づく「有機的」な展開が、ひとつの映画作品を、誰にでも理解可能なものにするだけでなく、容易に共感可能なものにもしていると考えられる。ハリウッド製の映画やドラマが、国や文化、宗教や言語の違いにも拘わらず、世界中の様々な国と地域で理解され、享受されているとすれば、それはアメリカ人が築いた特定の「判断の体系」を、唯一の普遍的体系として制定し、前面に押し出しているからだろう。しかし「真正な語り」が依拠する「時系列的な関係」でさえ、決して自明なものでも普遍的なものでもない。それもやはり、時間の計測に基づく近代科学が、「判断の体系」の規範のひとつとして埋め込まれているからである。それゆえ一見科学とは関係のない「真正な語り」も、実は科学的な時間の観念や、合理主義の伝統に依拠していると言えるのである。

ただしドゥルーズはここで、そうした「真正な語り」を単に批判しているのではない。彼はまず、それが拠り所としている根拠こそを、批判的に問題化しているのである。ドゥルーズによればそれが、「判断の体系」と呼ばれるものなのだが、《jugement》は、「判断」のほかに、法廷における「判決」、「裁判」、つまりは「裁き」を同時に意味している。だから「真理」や「真実」と呼ばれるものが、「判断」ないしは「裁き」のテーマにおいて、中心的な観念となるのは必然的なことなのだ。

あらゆる「判断」、あらゆる「裁き」は、何らかの法や掟、規範に基づいて下される。だが法や掟といったものは、「真理」の観念を常に前提しているだろう。つまり両者は円環のような関係にあるとも言える。たとえば、かつて「神」の存在は、超越的な「真理」として認められていた。現代では、客観的事実や物的証拠、もしくは行為の合理性や因果関係といったものが、それに替わって「真理」の役割を担っているとも言える。実は映画においても事情は通じているのである。物語の全貌をあらかじめ知っている全能の神の位置を、しばしば作者や語り手が占めてきた。言い換えるなら、一本の映画作品は、作者の持つ「真理」およびそれに含まれる善悪や道徳の観念、そして客観性や合理性といった社会的判断を含む、特定の「判断の体系」によって根拠づけられ、条件づけられているということだ。

ドゥルーズは、ニーチェから引き出した「偽の力」の概念を通じて、こうしたすべてに戦いを挑もうとしている。すなわち「偽の力」によって、「真正な語り」（社会的言説、良識）が依拠する、「真理」、「善」、「理性」といったものからなる「裁き」の、「判断の体系」の転覆を企てようとしているのである。だがそれは何のためにか。悪や虚偽を推奨しようというのか。そうではない、裁きと決別するためにである。彼は書いている。――「偽の語りは、反対にこの体系を逃れる。それは判断＝裁きの体系を破壊するのだ。なぜなら、偽の力（誤りでも疑いでもない）は、容疑者と同じくらい、捜査官や証人にも影響を及ぼすからである[3]」。「偽の語り」とは、まさに「偽の力」の使用であり、騙(かた)ること、つまり〈物語〉の核心の一部を成すものだ。『上海から来た女』や、とりわけカフカ原作の『審判〔訴訟〕』のウェルズによる映画化などは、「判断＝裁きの体系」の腐敗や不正、あるいはその機能不全そのものを、独特の仕方で問題化している。「真実」を握っているのは、「捜査官」でも「証人」でもなければ「容疑者」でもない。かといって、古典的な映画や小説におけるように、作者がそこで起こることのすべてをあらかじめ知っている、超越的な真理の保持者というわけではもはやない。「偽の力」はあらゆるところに浸透し、「限定されない形象を得て」、イマージュ全体に影響を及ぼすことになるからだ。――「この新たな状況には、深い理由がある。すなわち統一された、人物の自己同一性

〈その発見または、単純にその一貫性〉に向かう真なるものの形式とは反対に、偽の力は、還元不可能な多様性から切り離すことができない。「私とは、ひとりの他者である」が、〈私〉＝〈私〉に取って替わるのだ[4]」。

「〈私〉＝〈私〉」とは、古典映画の主人公におけるような、統一された「自我」のことを指している。ただし、古くから映画の登場人物に、風変わりな、あるいは倒錯した「自我」が付与される例はいくらでもあった。しかし登場人物における自己同一性は、「その発見または、単純にその一貫性」といったかたちで、原則的には保持されていた。根本的な変化が生じるのは、やはり大戦という、現実の未曾有の出来事から誕生した「ネオレアリズモ」以降だとドゥルーズは考える。

「ネオレアリズモ」以降、「〈私〉＝〈私〉」の同一性は様々な仕方で問いに付され、詩人アルチュール・ランボーの言う「私とは、ひとりの他者である」に取って替わられるようになる。至るところで、それ以前には見られなかった、もしくは部分的にしか見られなかった、新たなタイプの登場人物が現れてくる。ドゥルーズの要約に基づいて言えば、明確な目的や意志、統一性を持って「行動する者」（とりわけアメリカン・リアリズモの主人公）に代わって、純粋にこの世界を見る「見者」（イタリアのネオレアリズモの主人公）が登場する。

因みにドゥルーズは、映画に先行して「文学と哲学において、そうした偽造者の連鎖、ないし力の系列（セリー）を発展させた二つの最も偉大なテクスト」として、「ニーチェによる『ツァラトゥストラ』最終巻と、メルヴィルの小説『信用詐欺師』を挙げている。[5] このことからも、ドゥルーズの提起する「偽の力」が、映画だけではなく、広く文学や哲学にも関係していることが理解される。いや、映画はむしろ先行する文学や哲学に、固有の仕方で合流することになったのだと捉えるべきだろう。ドゥルーズによれば、「偽の力」は十九世紀のアメリカの小説家、ハーマン・メルヴィルの『信用詐欺師』（一八五七年）において、すでに圧倒的な表現を得ていた。それをニーチェが、『ツァラトゥストラ』（一八八三－一八八五年）において、「力の意志」の名のもとに、一個の強力な哲学概念にしたのである。

ドゥルーズは見事な手つきで、埋もれていたこの「偽の力」の〈系譜〉の存在を明るみに出してみせ、さらに映画におけるその偉大な後継者たちを、とりわけウェルズ、レネ、ロブ＝グリエ、そしてジャン＝リュック・ゴダールらのなかに見出していくことになる。とはいえ、これらの映画作家たちに共有された方法論や、物の見方があったわけではない。そうではなく、――「おそらく、偉大な作家はそれぞれに描写と語り（ナラシオン）、そしてそれらの関係を捉えるための固有の方法を持っている。そしてその度（たび）ごとに、視覚的なものと発せられる言葉は、新たな関係に入っていくのである」[6]。

二　ニーチェ主義――「裁きの体制」との戦い

しかしすでに制度化され、隅々まで構造化されてしまっている「真正な語り」および「判断の体系」と、一体どう戦えばいいのだろうか。そのためにはまず、その体系が依拠する「真理」の観念の批判が不可欠となるだろう。ドゥルーズは、ニーチェによる「真理批判」を取り上げるのだが、問題はそれが具体的にどのようにして、映画と接点を持つのかである。そこでドゥルーズは、ニーチェの「真理批判」を映画史のなかで独自に継承した作家がいることを指摘する。それは――「第一にオーソン・ウェルズである。彼は、直接的なイマージュ－時間を引き出し、イマージュをして、偽の力のもとを通過させる。おそらく、これら二つの相は緊密に結びついているのだが、最近の批評家たちは、二つめのほうにますます大きな重要性を認めるようになってきており、この二つめの相は『真理と幻想〔邦題：オーソン・ウェルズのフェイク〕』において頂点に達する。ウェルズのニーチェ主義というものがある。あたかもウェルズは、ニーチェによる真理批判の要点を、辿り直しているかのようなのだ。すなわち「真実の世界」は存在しないし、仮に存在したとしても、それは到達不可能で、喚起不可能である。また、たとえ喚起できたにしろ、それは無益で不要なものなのだ。真実の世界は、「真正な人間」を、真理を欲する人間を想定している。だがそのような人間はある奇妙な動機を持ち、あたかも彼自身のうちに、復讐心を宿した別の人間を隠しているかのようなのだ。オセロは真実を望んでいる。だが、それは嫉妬に因ってであり、さらにまずいことには、黒人であることへの恨みに因ってである」[7]。

「オセロ」とは、ウェルズが映画で取り上げた、有名なシェイクスピアの悲劇の主人公のことだが、彼は奸計にはまって、妻の不貞を疑い殺してしまう。確かにオセロは「真実」を渇望していたであろう。しかしそれは、ドゥルーズが言うように、彼が純粋に「真実」を求めていたからというより、むしろ「嫉妬」や「恨み」、そして「復讐心」から来ていたのである。「ニーチェによる真理批判の要点」とは、したがって「真理を欲する人間」が密かに隠し持っている「復讐心」であり、怨恨（ルサンチマン）に深く関係している。だからドゥルーズは続けて言う、――「真正な人間は結局のところ、生を裁くこと以外の何ものも欲していないのだ。真正な人間は、善というより優れた価値を仕立て上げ、その名のもとで裁こうとするだろう。真正な人間は裁くことに飢えており、彼は生のうちに、悪しきものを、償うべき罪過を見るのである。すなわちそこに、真理という観念の道徳的な起源があるのだ。ニーチェが行ったように、ウェルズは絶えず裁きの体制（le système du jugement）と戦ってきた。生よりも優れた価値などない。生は裁かれる必要もなければ、正当化される必要もないのだ。生は無垢であり、それは善悪を超えた向こうに「生成の無垢」を持つ……」[8]。

以上の一節は、「ウェルズのニーチェ主義」の核心を語るものだが、同時にドゥルーズ自身のニーチェ主義を、見事に要約するものでもあるだろう。ただしドゥルーズが、あらゆる「裁き」に抗して、「生」を無条件に、絶対的に肯定しようとするこの姿勢は、幾つかの注釈を要する。というのも、一見しただけだとこれは、腐敗した権力者や凶悪な犯罪者さえも、「生」の名のもとに、すべて肯定しようとする態度のようにも見えるからだ。つまり、ドゥルーズ哲学がしばしば批判されることにもなった、一種の〈生命論的ファシズム〉をそこに見てしまう危険があるのだ。この点をしっかりと見極めるためにも、ドゥルーズの考察をじっくり辿ってみる必要がある。しかもこの点にこそ、裁きとの決別の可能性も秘められているはずなのである。

——「ウェルズにおいて、裁きの体制は決定的に不可能なものとなる。同じく、また誰よりも観客にとってそうである。『上海から来た女』における裁判所荒らしや、わけても『審判』における裁判の果てしない不正が、この新たな不可能性を物語っている。ウェルズは絶えず、裁くことのできない人物たちを、裁かれようのない、あらゆる可能な裁きを免れる人物たちを確立する。真理という理想が崩壊するなら、外観からなる諸関係は、裁きの可能性を維持するのにもはや十分ではない。ニーチェの言葉に拠れば、「真実の世界と同時に、私たちは外観の世界も廃してしまったのだ……」」。

では何が残っているのか。身体が残されている。身体とは諸々の力であり、力以外の何ものでもない。ただその力は、それがもはや、ある環境ないしは障碍物に直面するのではないように、もはやひとつの中心とは関係がない。その力はそれとは別の諸力にしか直面せず、他の力と関係し、それに感情作用〔変様〕を及ぼすか、あるいはそれから感情作用〔変様〕を被るのである。潜勢する力（ニーチェが「力の意志」と呼び、ウェルズが「性格（キャラクター）」と呼ぶもの）、それは、この感情作用〔変様〕を他に及ぼすと共に、それを他から受け取る能力のことであって、ひとつの力と他の諸々の力との関係のことなのである」。[9]

　ドゥルーズがここで語っている、諸力間の関係とは、「裁きの体制」が依拠する「真理という理想」が崩壊した後の、あるいは「真理」の観念が実効化される前の、潜勢的な諸力間の関係であり、それらの在り方のことを指していると考えられる。したがって、ここに言う「身体」とは、行動の「中心」としての、言い換えれば「感覚－運動的」な座としての「身体」のことではない。行動する身体は「イマージュ－運動」、より具体的には「イマージュ－行動」に分類されるべきものであり、現実的（アクチュエル）な運動体間における、作用と反作用の「中心」のことを指すだろう。だからその意味における身体が、「ある環境ないしは障碍物に直面する」とは、主人公が様々な困難な境遇に立ち向かい、それらを乗り越えて成長するといった、旧来の物語図式に置き換えて理解することができる。

　一方、ここでドゥルーズが新たに提起する「身体」の概念は、それとはまったく異なっている。もはや諸身体間の作用－反作用が問題となっているのではないのだ。そうではなく、諸力間で絶えず交換され、生成し続ける感情（affection）そのものが問題となる。ドゥルーズが「身体とは諸々の力」だと述べ、それは「ひとつの力と他の諸々の力との関係のこと」だと述べるのは、この意味においてである。だから彼はここで、「身体」を〈現実的（アクチュエル）〉な水準においてではなく、その〈潜在的（ヴィルチュエル）〉な水準において、つまりその質的変化の相において問題化しようとしていると考えられる。

「裁き」が不可能となるのも、そのことと密接に関係しているだろう。なぜなら潜勢的な諸力間の関係という観点においては、現実の法制度や善悪の判断は、まだ、あるいはもはや適用しようがないからだ。「身体」を、このような純粋に力動的な観点とその変様能力（感情作用を及ぼすと同時に被る能力）によって捉える発想は、周知のようにスピノザに由来する。しかしここで問題となるのはむしろ、「力」に関するこのような観点が、一体どのようにして「真理」の、「裁き」のテーマへと、再び関係していくことになるのかという点である。ドゥルーズはそれを、改めて先ほど見たニーチェの主題に結びつけて論じていく。――「それは、ニーチェがニヒリズムの諸段階と呼んだものであり、数々の形象を通じて現れる復讐心である。真正な人間の背後には、いわゆるより高尚な価値という観点から生を裁く、病んだ人間がいる。「みずからを病む者」、それはみずからの病と、その退化し、疲弊した視点から生を裁くのである。〔…〕ニーチェは言っていた。生を裁こうとする真正な人間の背後には、病んだ人間が、生そのものを病んだ人間がいると」[10]。

他人の生を批判し、攻撃し、裁かずにはいられない「病んだ人間」は、今も極めて多い。ウェルズは映画のなかで、そうした「病んだ人間」の様々なタイプを抽出し、陳列してみせている。ではその「病んだ人間」が生を裁こうとする時、彼らは一体何の名のもとにその権利が自分には与えられていると考えるのだろうか。その根拠となっているものとは何か。ニーチェによれば、それは彼らが信じる「善というより優れた価値」であり、〈真理の理想〉なのである。しかし実のところ、それは建前に過ぎない。なぜなら「みずからを病む者」は、背後に、生そのものに対する恨みを、嫉妬を、復讐心を、ルサンチマンを隠し持っているからだ。要するにドゥルーズにとって一切の問題は、「真理」という観念そのものにも、善悪の判断にもなくて、むしろ健康であるか病的であるかという問いのうちにこそある[11]。

自分が正しいと信じて疑わない「真正な人間」は、みずからのうちに「病んだ人間」を隠している。劣等感、嫉妬、羨望、憎しみといった感情を、善や真理の理想によって覆い隠しているのである。この意味で「真正な人間は裁くことに飢えており、彼は生のうちに、悪しきものを、償うべき罪過を見るのである」。すなわちそこには「生そのものを病んだ人間がいる」。――「だが、善や真理といった上位の審級の名のもとに、生を裁くべきではないのだ。そうではなく、反対にあらゆる存在を、あらゆる行為と情熱を、あらゆる価値そのものを、それらがみずからのうちに含んでいる、生との関係において評価すべきなのだ。超越的な価値としての裁きに代わる、内在的な評価としての情動(アフェクト)。すなわち「私は裁く」を、「私は好きだ、あるいは私は嫌いだ」によって替えること。ニーチェは、すでに裁きを情動によって替えていたが、読者にこう忠告していた。すなわち善悪(ぜんあく)の彼岸は、少なくとも、良いと悪いの彼岸のことを意味するのではないと。この悪(わる)いとは、疲弊し、退化した生のことであり、それだけにいっそう恐ろしく、広まりやすい。しかし良(よ)いとは、噴出し、上昇する生のことであり、それが出会う諸々の力によってみずから変容し、変貌するすべを知っているもののことなのだ。そしてその生は、それら諸力と共に、常により偉大なひとつの力を組成し、生きる力を常に増大させ、常に新たな「可能性」を開くものなのである。なるほど、もはやそのどちらにも真理はない。生成しかない。そしてその生成とは、生における偽の力であり、力の意志である。しかしながら、良(よ)きものと悪(あ)しきもの、つまり高貴なものと卑しいものはある。物理学者たちに拠ると、高貴なエネルギーとは、変容することができるもののことであるのに対し、卑しいエネルギーのほうは、もはや変容することができない。これら二つの面で力の意志があるのだが、後者はもはや、生の枯渇した生成における支配欲でしかない。それに対して前者は、芸術家であることを欲すること、または「与える徳」であり、迸(ほとばし)る生成における、新たな可能性の創造なのである」[12]。

三　善悪の判断から、良いと悪いの評価へ

ドゥルーズはニーチェ、そしてウェルズと共に全力で、あらゆる「裁きの体制」、およびそれが密かに依拠する、病んだ生との戦いを繰り広げる。裁きと決別するために、ここで二つのまったく異なる思考がドゥルーズによって峻別されていることに注目しなければならない。まず一方は、「善悪」の価値判断に基づく「裁き」のタイプである。そこで「善（bien）」は、「真（vrai）」とほぼ同義語で用いられており、「善」か「悪（mal）」かの判断は、実のところ、「超越的な価値」に基づいてあらかじめ決定されている。つまり「超越的」とは、この場合それが原則的に変更不可能な、あらかじめ決定された上位の審級であることを意味している。だからそれは、法律であったり宗教の戒律であったりする。たとえば、ある宗教において、特定の動物の肉を食べることが堅く禁じられている場合、その肉を受容する行為は、身体の健康、不健康とは関係のない次元で、一方的に「悪」とされることになる。これが「超越的な価値」に基づく判断、ないしは「裁き」の思考の例である。

ドゥルーズがそれに対抗させるのは、「良い（bon）」と「悪い（mauvais）」の「情動」に基

づく「評価」の思考である。何かが「良い」とは、それが「真」であることと同義ではない。「良い」とは、すなわち「身体」にとって力の増大であり、生の上昇である。ある特定の肉を食すことは、「善」でも「悪」でもないが、場合によっては生きる力を増大させ、新たなものへと変容させる〈良き〉ものとなり、また場合によっては（たとえばそれが腐っている場合など）、生の減衰を招き、変容する能力を奪うかもしれない〈悪(わる)い〉ものにもなるだろう。前者の場合、肉は「身体」のなかを流れて、喜びの「情動」を発生させるはずだが、後者の場合、それは「身体」を冒し、不快や嫌悪の「情動」を呼び起こすだろう。ドゥルーズの言う「内在的な評価としての情動」とはこのことを指す。このような思考は、人為的に決定された法律や道徳、常識、また宗教上の戒律とは異なり、ほとんど〈動物行動学的(エソロジー)〉な考えに立脚していると言ってもいい。そしてこの意味において、前者の思考が「超越的」であるのに対し、後者の思考は「内在的」と言われるのである。

　ただしドゥルーズが言うように、以上のどちらにも「真理」はない。言い換えれば「善悪」はない。それぞれのケースで無限に異なる「生成」だけがあるのだ。とはいえ、そこには「良き」生成と「悪しき」生成の差異がはっきりと在る。一方は、生をより一層上昇させ、喜びや共感に満ちた肯定的なもので満たすのに対し、他方は、生を貶め、枯渇させ、悲しみや憎悪や嫉妬といった否定的なもので、すべてを覆いつくそうとするだろう。それゆえ、注意しなければならないが、ドゥルーズがヒトラーやファシズムを批判する際、それは善悪の観点からではないのだ。それはあくまで、「良き」生成と「悪しき」生成の評価、情動の観点からなのである。

　しかしドゥルーズのこうした考えを理解するうえで、最大の注意を要するのは、〈良きもの〉と〈悪しきもの〉が、善と悪の二元論におけるようには、断絶していないという点であると思われる。両者のあいだには、二つの極みのごとく無数の段階、度合があり、連続していると考えられる。なぜなら、ニーチェやスピノザと共に「内在的」な思考による「情動」のモデルを導入する限り、「超越的」な立場から、物事を善と悪のいずれか一方に、断定的に振り分けることは、もはや決定的に不可能になるはずだからだ。〈良きもの〉にも多少の〈悪しきもの〉が含まれ、〈悪しきもの〉にも多少の〈良きもの〉が含まれうる所以もそこにあるだろう。しかしそれは、この上なく現実に即した、しなやかで柔軟な思考ではないだろうか。

　またそこから、「ニヒリズムの諸段階」というニーチェの表現も出てくると考えられる。つまりそこには〈悪しきもの〉の極みがあり得るように、〈良きもの〉の極み（ニヒリズムを破壊し尽くしたその時）もまた確かにある。それをドゥルーズは、ウェルズに託して次のように述べている。――「ウェルズが、フォルスタッフとドン・キホーテのうちに見るもの、それは、生そのものにおける「善良さ（la «bonté»）」であり、生きる者を創造行為へと運んでいく、ある奇妙な善良さなのである。まさにこの意味において人は、ウェルズにおける本物の、ないし天性のニーチェ主義について語ることができるのだ[13]」。

ドゥルーズの哲学は、今やニーチェの哲学、そしてウェルズの映画と美しく響き合う。そしてその共鳴は、フォルスタッフやドン・キホーテといった古典文学における喜劇的人物とさえ、何の断絶もなく通じているのである。ドゥルーズが、ウェルズ、そしてニーチェのうちに究極的に見ていたものもまた、「生そのものにおける「善良さ」であり、生きる者を創造行為へと運んでいく、ある奇妙な善良さ」ではなかったか。そして、おそらくそれはまた、ロッセリーニの『ヨーロッパ一九五一年』のヒロインのものでもあり、またドゥルーズ自身の哲学の核心でもあるはずなのだ。つまりドゥルーズが、この「善良さ」を、「ある奇妙な」とあえて形容しているのは、それが単なる素朴な人の良さといったものとは異なる〈特異性〉に貫かれており、生そのものに対する信頼に満ちた、ある強烈な〈ヴィジョン〉を伴うものであるからだろう。

こうしてドゥルーズによって、ニーチェの哲学とウェルズの映画は互いを照らし合うことになった。だがそこにはさらに、三者それぞれの新たな「生成」があると言えるのではないだろうか。誰もウェルズの映画を、ニーチェに照らしてこれほど深く〈見る〉ことができた者はいない。そしてドゥルーズの考察は、後に見るように、それ自体がもはや主語の所在を特定の一者に決定できない、「自由間接話法」の見事な例証にもなっているのである。

これまで「偽の力」の理論を辿りながら、その射程に含まれる真偽の問題、善悪の問題（裁きの体系、価値判断）、そして良きものと悪しきものの関係（内在的な情動）について見てきた。今やドゥルーズは、この「偽の力」の理論を、ウェルズと共に、簡潔に総括してみせることができる。――「偽なるものを力にまで高めたことで、生は、真理からと同じくらい、外観からも解放されたのである。すなわち生は真でも偽でもなく、二者択一は決定不可能であり、生とは偽の力、決定への意志なのだ[14]」。

本質的な問題は、もはや真偽の判定のうちにも、善悪二元論のなかにもない。それは「生」による「決定への意志」そのもののうちに、そして「身体」の変容能力のうちにのみ見出されるだろう。もはや真偽が、善悪が、あらかじめ決定されているということはなく、良いか悪いかを決定し、意志するのは「生」自身である。「身体」を、「生」を、より高いほうへ、あるいは低いほうへと導く力の性質のうちに、一切の問題はあるとさえ言える。言い換えるなら、裁きとの決別を果たしたその時、一切の問題は、生の創造性の「度合」のうちに、肯定の強度のうちに見出されることになるだろう。その点に関してドゥルーズは、ウェルズによる最後の映画『真理と幻想』から、絵画の真贋をテーマとした部分を取り上げてこう述べている。――「人が、真正な人間に対するのと同じくらい、贋作者を非難することができるとすれば、それは、彼らの形（*la forme*）に対する行き過ぎた嗜好ゆえである。すなわち彼らは、変貌するための感覚も力も持っておらず、生の跳躍力の衰弱を、すでに疲弊している生を証言してしまっている。贋作者、鑑定家、そして画家フェルメールのあいだの差異は、前の二者がほとんど変化する術（すべ）を知らないという点にある。創造的な芸術家だけが唯ひとり、偽の力を、もはや形（フォルム）

においてではなく変容（トランスフォルマシオン）において実現される、ある度合へと至らせるのである」[15]。

　ドゥルーズが、芸術をあくまで「身体」の、「生」の変容能力、または「変容」を許す「度合」に基づいて捉え、評価しようとしている点に注目しなければならない。ドゥルーズが、フェルメールの贋作者、および鑑定家を批判するとすれば、それは真理や善や道徳に照らしてではなく、彼らに許された変容能力が、あまりにも小さく限定されているからであり、ただそのためだけなのだ。一方、フェルメールのほうは、創作を通じてみずから変容し、新たな、未知なるものへの「生成」をやめはしなかった。ドゥルーズにおいて芸術家が、身体の変容能力、生成の肯定性の「度合」によって評価されなければならないのはそのためである。

　それゆえにまた、「力」そのものは本来〈真〉でも〈偽〉でもない。「力」は、真偽の問題を超えた向こう側にある。ただし「力」が現実的に働くところでは、言い換えるなら「力の意志」の存在が認められるところでは、それは真偽の問題を巻き込む「力の一連の系列（セリー）という形態のもとでしか存在しない」とは言えるだろう[16]。同じように、「力」それ自体は〈善〉でも〈悪〉でもない。しかしそれが現実化されるところではどこでも、一方に「良き」力が、すなわち生を漲（みなぎ）らせ、拡張し、絶えず新たなものを産み出す創造的な力があり、他方に「悪しき」力が、すなわち生を枯渇させ、矮小化し、ついに否定してしまう力（あるいはもはや変化する能力を失った惰性的な力）が存在するだろう。ここにこそ、ドゥルーズ哲学における「力」に関する考え方の根幹があると考えられる。

ドゥルーズによる「真理」批判の最終的な帰結を、最後に見ておかなければならない。というのもドゥルーズは、「偽の力」の理論によって、「真理」の観念のすべてを否定したわけではないからだ。次の一節には、ドゥルーズが「芸術家」という存在を最終的にどのように捉えていたか、そしていかにそれが彼自身の哲学と深く密接に関係しているかが見てとれる。――「芸術家、それは真理の創造者である。というのも真理とは、到達され、発見されるものでも、再生産されるものでもなく、それは創造されなければならないからである。新たなものの創造以外に真理はない」。そして「偽の力」に関するこれまでの考察を次のように結論する。「芸術家、真なるものの創造者、まさにそこにおいて、偽なるものは、その最後の力、すなわち善良さ、寛容に到達するのである」と。[17]

ドゥルーズは、ニーチェとウェルズを経由したその果てに、再び「新たなものの創造」という、かつてベルクソンが語った持続の最も深い「真理」に回帰しているように見える。しかしそれは単なる回帰ではなく、むしろ新たな系譜学の創設であり、層位学的重なりの秩序であって、互いに力を高め合い、増幅させ合う哲学と芸術の生成と言うべきだろう。またこれは重要な点だが、ドゥルーズの言う「芸術家」とは、特定の専門家のことを指すのではなく、ほとんど「生」の迸る力そのものとひとつであるような何かである。それは今も現実のなかに確かに存在する、あるひとりのフォルスタッフであり、あるひとりのドン・キホーテのことではないか。だから先の一節から、ドゥルーズの芸術至上主義のようなものや、安直なオプティミズムを読み取ることは根本的に間違っている。彼はもっとはるかに微妙で、慎重さを要することを述べているのである。そうでなければ、芸術創造の「最後の力、すなわち善良さ、寛容」について語ったすぐ後に、次のような一節を付記する必要はなかったはずだ。

――「ニーチェは「力の意志」のリストを作っていた。すなわちまず真正な人間、ついであらゆる偽造者たち、しかも彼らは真正な人間を前提とし、真正な人間は偽造者たちを前提している。ついで「より優れた人間たち」の疲れ果てた長い一群が続き、さらにその後に、新たな人間、ツァラトゥストラ、芸術家ないし迸る生が来る。だがそれは、ほんのわずかなチャンスでしかない。それくらいニヒリズムは、そのチャンスを連れ去ってしまう力を持ち、〈新しいもの〉が産まれるや否や、涸渇した生がそれを奪い取ってしまうからだ。そしてかたちあるもののすべての変貌を止め、身動きできなくさせ、出来合いのモデルやコピーを再編させてしまうのである。偽の力とは果かないものなのだ。それはカエルやサソリたちに奪い返されてしまう。しかし、それは芸術の、あるいは生の唯一のチャンスであり、ニーチェ的、メルヴィル的、ベルクソン的、ウェルズ的な唯一のチャンスなのだ……」[18]。

だから「偽の力」は、ただそれだけを取り上げてみるなら、まだまったく何ものでもない。それは創造的な行為、芸術、つまりは生を純粋に肯定する力にまで高められる時、はじめてその本当の意義を見出すことになるだろう。真偽の問題、善悪の問題、裁きの問題は、最終的には生の問題によって乗り越えられねばならない。芸術の「最後の力」に到達すること。それは

「ほんのわずかなチャンスでしかない」。しかしドゥルーズは、生の持つこの力に、この力が創り出す「唯一のチャンス」に、繰り返し賭けることを止めはしないのだ。

四　超越的な裁きから内在的な正義へ

私たちはまだ、裁きとの決別というテーマと、「記憶」との関係性について論じていなかった。前にも述べたが、『シネマ2』の構成において、奇妙にして、極めて興味深くもあることのひとつは、章の前後関係（時系列）を、時として反転させ得るという点、場合によっては、反転させなければならないようにさえ見えるという点である。というのもドゥルーズは、第六章「偽の力」で「裁きの体制」の問題を具体的に提起する前に、実はすでに第五章において、ウェルズと共に、ある意味でこの問題の最も深い帰結を引き出していたとすら言えるからだ。それは「記憶」との関係で論述されており、最後にそれを見ておかなければならない。

まず、人が何かを語るために依拠する記憶に、あらかじめ与えられた法的根拠などない。しかしそれは「無根拠」という意味ではない。カフカの『審判〔訴訟〕』の主人公が、司法に対して自身の無罪を主張するためには、まずは自身の「記憶」の闇に尋ねてみるよりほかなく、それは彼自身の過去を、あたかも埋もれた地層を掘り起こすようにして、他者に物語ってみせようとすることにほかならないだろう。しかし、果たしてそれはうまくいくのだろうか。ドゥルーズは言う。――「主人公は一体、過去のどの層のうちに、彼がそれによって有罪とされるところの過ちを探せばよいのだろうか。そこにはもう何も呼び起こしえるものなどなく、ただすべてが幻覚的なものに達しているというのに」[19]。つまり、『審判』の主人公の過去の探索が成功する気配などどこにもなく、仮にそれが上手くいったとしても、「すべてが幻覚的なものに達している」以上、それによって自己の無罪が立証されるわけではさらになさそうなのだ。

だが、『審判』の主人公が突如置かれることになった、このような不透明で困難な条件は、既存の法制度の外、あるいはその内実を窺い知ることのできない法の内に置かれた場合、おそらくすべての人に当てはまるのではないだろうか。ドゥルーズにとって、この点に関する特権的な映画作家は、やはりオーソン・ウェルズである。それはウェルズが、カフカの同名の小説を映画化しているからばかりではない。ウェルズの全作品に、喚起不可能なものとしての、決定不可能なものとしての過去の問題が付いて回るからだ。――「ウェルズは、時間の絶えざる危機状態のなかで、過去を呼び起こすことの不毛さを示すことではもはや満足しない。彼は、およそあらゆる過去の喚起の不可能性を示すのである。つまり、さらに一層根源的な時間の状態においては、過去を呼び起こすことが不可能となる。過去のそうした領域は秘密を保持しつづけ、記憶への呼びかけはむなしいままになる[20]」。

しばしば逆に理解されていることだが、ドゥルーズは、『市民ケーン』によって幕を開けたウェルズの映画の進展を辿りながら、「過去」あるいは「記憶」の現実性について論じているのではない。むしろまったく反対である。ドゥルーズは「あらゆる過去の喚起の不可能性」について、繰り返し強力に語っているのである。そしてそれが「さらに一層根源的な時間の状態」だと、彼は言っているのだ。ただしこのことは、過去の諸層の実在そのものが問いに付されたということを決して意味しない。それどころか過去の諸層は、ある意味でこれまで以上に確固とした物質性を、あるいは質料性を帯びたものとして現れてくることになるだろう。ドゥルーズは書いている、――「ただこうしたすべてにおいて、考古学におけるごとく、あたかもある年代と他の年代がそこここに併置されるような仕方で、ある層は沈下し、また他のある層は隆起するかのようなのだ。それら共存する諸々の層は、今やそれらの諸断片を併置するようになり、もはや何ものも決定されることはない」。[21]

　わけのわからない嫌疑で起訴されている『審判』の主人公にとって、自分の過去の諸層を探索することも、既存の法廷に訴えることも、もはや不毛だということが次第にはっきりとしてくる。では依然としてかけられている自身の嫌疑を晴らすために、彼は一体何に、誰に、どのように訴えればよいのだろうか。あるいはもっと一般的に、どうすれば人は裁きと決別して、なおも生存することができるのか。[22]

　ドゥルーズは、オーソン・ウェルズと共に、この問いに対し、ある独自の回答を与えている。すなわち、もはや司法制度も、裁判所も当てにはならず、自身の記憶にも頼ることができないとするなら、つまりあらゆる過去の諸層が錯綜し、幻覚的なものと化し、決定不可能となってしまったなら、神による立法よりも前の、あるいは人間による立法よりも後の世界、神も人間も地を払った無人の大地、沼地や岩場や森、そして様々な動物たちから成る世界そのものに訴えるよりほかないというのだ。――「破壊され平衡を失った過去の諸々の領域は、それらを攪拌する、ある高次の法廷（une justice supérieure）の在りか、つまり生きとし生けるものが、それぞれの不正の報いを受けることになる過去一般の在りかのなかへと、〔前ソクラテス的な方式に従って〕入っていくことになると言えよう。カフカとの関係でウェルズが成功しているのは、空間的に隔たり、時間的に異なった諸々の領域が、それらを互いに密接な関係にあるものとする無限定な時間の基底において、相互にどのように連絡し合うかを、示し得ていることにある。すなわちそれが、画面の奥行き〔ウェルズにおけるパン・フォーカスの使用〕であり、それは最も遠く隔たった場面を、基底において直接的に連絡させるために用いられる。しかし、諸々の層がそこから出て、破壊されてそこへと再び戻っていく、あらゆる層に共通の基底とは何か。それにとっては一切の記憶の領域がただ副次的なものに過ぎない、この高次の法廷とは何なのか[23]」。

これこそが、カフカを独特な仕方で受け継いだウェルズの、そしてドゥルーズの問いにほかならない。ドゥルーズはそれに、ベルクソンの「過去一般」を引き合いに出して答えている。つまり「過去一般」とは「無限定な時間の基底」であり、「諸々の層がそこから出て、破壊されてそこへと再び戻っていく、あらゆる層に共通の基底」にほかならない。その「基底」、あるいはむしろドゥルーズが別のところで言う、この〈無底〉こそが、「高次の法廷」と考えられているのである。

　生を裁くことなどできない。「生よりも優れた価値などない。生は裁かれる必要もなければ、正当化される必要もないのだ」とドゥルーズは述べていた。しかしそれで、問題が解決したわけでは全然ない。人間による、あるいは超越的な神による「裁きの体制」とはまったく本性の異なる、この世界に、この大地に内在する高次の《justice》というものがあるのだ。「法廷」および「正義」の二つの意味を持つこの語は、ドゥルーズの考えを理解するうえで特に注意を要する。つまり《justice》は、《jugement》とは異なるニュアンスにおいて「裁き」の意を含んでおり、さらに「処罰」あるいは「報い」といった方面にまで振れる意味の射程を持つ。――「確かにそれは超越的なものの在りかではないが、内在的な正義＝法廷（une justice immanente）であり、それは、私たち各々が、親からではなくそこから直接生まれるという意味において、大地とその非時系列的な秩序であり、すなわち原住性なのである。そこにおいて私たちは死に、そして誕生の報いを受ける」[24]。

　人間によって設置された司法制度が決定する、善悪の判断、正と不正、有罪と無罪、真偽の判定等が、国や時代はおろか、状況や立場、身分、人種、さらには権力構造や宗教によってもまちまちで、あまりにも大きく異なってくるのに対して、ドゥルーズの語る「内在的な正義＝法廷」はそうではない。なぜならそれは、「大地」そのもののことだからである。それは「高次の法廷」であり、「非時系列的な秩序」すなわち「過去一般」であり、「共通の基底」にして〈無底〉である。つまり、ドゥルーズが「内在的」という語を使っていることから見ても、《jugement》があくまで超越的な審級に結びついた「裁き」であるとすれば、《justice》においては、神あるいは人間による立法とは異なる、大地そのものに備わる「高次の法廷」のことが考えられているのである。

そしてこの「大地」は、それみずからが含む「過去」と、「過去の諸層」と切り離して考えることができない。言い換えるなら、人間も人間の記憶も一切前提としない「大地」の過去、大地そのものである「内在的な正義=法廷」と「時間」とを切り離すことなどできないのだ。その点についてドゥルーズは、ウェルズの複数の作品を念頭において次のように描写している。――「過去の諸層は存在する。それは、私たちがそこから自身の記憶のイマージュを掘り起こす諸々の地層である。しかしそれらの地層は、極限まで収縮した領域にほかならない永遠の現在としての死ゆえに、利用することさえできない。あるいはそれらは、層化されていない実体において破壊され、解体され、散り散りになってしまっているがゆえに、もはや喚起することさえできない。おそらくこれら二つ(「極限まで収縮した領域」と「層化されていないある実体」)は互いに通じ合っており、私たちはたぶん死の収縮点においてしか、普遍的実体を見出しはしないのだろう。しかしそれらを混同してはならず、それらは、不断の危機としての時間と、そしてさらに根源的な、普遍的生成としての、広大にして恐るべき第一質料としての時間という、時間の二つの異なる状態なのである」[25]。

神による、あるいは人間による「裁きの体制」（時系列的時間）と決別した時、人は再び「時間」（非時系列的）のなかへと帰っていく。しかしそれは、もはや現実の現在ではなく、「永遠の現在としての死」と隣り合わせの時間性なのではないだろうか。それはまさに「不断の危機としての時間」であり、それこそが、死刑判決に至るまでのカフカの主人公の生きる時間性だったのだろうか[26]。あるいはそれは、最後の戦いに敗れ、大地に伏したマクベスの時間性であろうか。ドゥルーズの「内在的な正義＝法廷」とは、文字通り非人間的なものである（「普遍的生成としての、広大にして恐るべき第一質料としての時間」）。だがそれはまた、脱人間化された大地、あるいは無人島にほかならず、それは「原住性における原初の時間としての大地」の別名なのである[27]。

第五章　自由間接話法と物語行為

一　新たな物語の構築へ向けて

「描写と語りの向こうに、なお第三の審級がある。それは物語（le récit）である」[1]。ドゥルーズが、最後に「物語」という審級を提示したのには、おそらく理由がある。それは「語り（ナラシオン）」が、どちらかと言えば、映画の構成面に関するものであったのに対して、「物語」という審級は、映画における叙述の在り方そのもの、つまり〈話法〉の問題に直接関係しているからだと思われる。まず、小説をはじめ「物語」の話法には、大きくわけて直接話法と間接話法の二種類があると考えられている。しかし、映画はそもそも「言語」ではない以上、いずれの話法も、それ自体のうちには元来含んでいない。劇映画の創始者のひとりD・W・グリフィスが、ディケンズの小説から着想を得ていたと言われるように、映画はその進展のなかで、先行する十九世紀の小説からインスピレーションを得るなどして、固有の話法を徐々に確立していったのである。

ごく簡単にそれを振り返っておくと、映画は主観的なショットと客観的なショットの機能的な分離を実現したことで、固有の時間軸に沿った物語の展開を生み出していった。つまり登場人物が〈主観的〉に見ているものと、カメラが状況を〈客観的〉に見ているものとの区分が作り出され、両者が有機的に連結されることで、「物語」の基本的な流れが形成されるようになっていった。それゆえ、話法という視点から考えるなら、映画は直接話法ないし間接話法、あるいはそれらの組み合わせによって成る、という見方もできるだろう。ところがドゥルーズは、映画監督であり優れた理論家でもあったピエル・パオロ・パゾリーニの考察を引いて、それとは異なる興味深い考えを打ち出している。すなわち「パゾリーニは、映画のイマージュにおいて本質的なものは、直接話法でも間接話法でもなく、自由間接話法（un *discours indirect libre*）に対応していると考えていた」[2]。それはどのような話法なのか。ドゥルーズによるその要約と具体例を見てみよう。

――「それは、ひとつの言表のなかに捉えられたある言表行為が、それ自体、他のもうひとつの言表行為に依拠していることから成っている。たとえばフランス語ではこうだ。«Elle rassemble son énergie : *elle souffrira plutôt la torture que de perdre sa virginité.*»（「彼女は気力を奮い起こす。彼女は処女を失うくらいなら、むしろ責苦を耐えしのぶほうがましだ」）[3]」。

この例をドゥルーズは、ソヴィエトの言語学者バフチンから借用しているのだが（ただしバフチン自身は、中世の古フランス語で例を挙げている）[4]、ここで問題になっているのは、この文章の書き手と、その対象である「彼女」との独特な関係性である。できるだけ直訳のかたちで訳出を試みたが、この文は、「彼女」の言葉をそのまま引用する形で報告した「直接話法」

ではもちろんないが、厳密に言えば、「彼女」の言表を書き手が客観的に報告しただけの、通常の「間接話法」でもない。この文では、報告者である書き手と、その対象である「彼女」の言表とが、微妙に混ざり合っているように見える。ドゥルーズはしかし、それは書き手と対象の立場の単なる混合ではないと言う。

ドゥルーズによれば、そこには「それ自体が異質なひとつの体系における、相関し合う二つの主語の分化があるのだ。このようなバフチンの観点は、パゾリーニによって再び取り上げられているように思われるのだが、非常に興味深く、また非常に難解なものでもある」[5]。なぜ「非常に難解」なのか。それはまさに、以上のような「言表行為」が、主客の明確な区分を前提とした従来の言語学によっては、正確に捉えることができないからである。

しかしここで改めて考えてみるなら、私たちの日常の言語活動には、そもそも主客の境界を逸脱する要素が、はじめから含まれているのではないだろうか。いや、むしろそのような言語活動の在り方のほうが、主体と対象が明晰判明に区別され、特定され得る同質的な言語活動（「言表行為」）よりも、根源的なのではないだろうか。すなわちドゥルーズの言う「それ自体が異質なひとつの体系」とは、まさにこうした生きた言語活動の現実を指しているものと思われる。だとすれば、そのような「異質」な体系としての言語活動のなかでは、様々に相関し合う複数の「主語の分化」が、至るところで生じていると考えられる。

だから「言語活動における根源的な行為」とは、ドゥルーズによれば、「均衡からかけ離れた、常に異質なひとつの体系をそれが証する限りにおいて、それは自由間接話法なのである」。[6]注意すべきだが、ドゥルーズは単にここで、「自由間接話法」を他の話法に比してより重視しているのではない。そうではなく、彼はそれを文字通り「言語活動における根源的な行為」と見做しているのである。しかしそれに気づくことは、デカルト哲学の伝統を持つフランスでは難しかったはずだとドゥルーズは考える。なぜなら「自由間接話法」とは、まさにデカルト的なコギト、「我思う」の「我」にあたる主語の同定を、あらかじめ困難にしてしまうような「話法」にほかならないと言えるからだ。ただしそれは、主語の所在が曖昧だからではなく、言語活動においては、しばしば語る主体と語られる対象とのあいだで「二重化」、ないしは「主語の分化」が生じると共に、両者が、特定不可能な相互関係のなかに入り込んでいくがためなのだ。この意味で、そもそも主客の截然とした区分を設けたことのなかった伝統的な日本語などは、言語そのものが自由間接的であると言うこともできるだろう。[7]

したがって「自由間接話法」とは、特定の小説のなかだけに見られる、特殊な話法のひとつというわけでは全然ない。[8]それは、現実の「言語活動」または「言表行為」における「根源的な行為」なのである。だからドゥルーズはさらに次のように問うのだ。――「言語活動における、主語のこの二重化ないしは分化を、人は思考のなかに、そして芸術のなかに再発見するのではないだろうか」と。[9]

そう、私たちはこの「自由間接話法」という「言語活動」の本来の在り方を、哲学や芸術を通じて再発見し、はじめてそれと知ることができる。それは、現に当たり前に行われていながら、気づかれることのなかったものであり、そのようなものこそ、「芸術」によって意識的に表現され、「思考」によって摑み出されねばならない。ただ、他の諸芸術に対して最も遅れて登場した映画が、すぐにそのことに気づくことができたわけではなかった。――「おそらく映画は、そのような自己意識に達するまでに、ゆっくりとした進化を経なければならなかったのだろう。実例としてパゾリーニは、アントニオーニとゴダールを挙げている。また実際、アントニオーニは強迫的なフレーミングの巨匠なのだが、まさに強迫的なフレーミングにおいて、神経症の登場人物、もしくは自己同一性を失った男が、映画作家の詩的ヴィジョンとの「自由間接的」な関係に入っていくのである。映画作家の詩的ヴィジョンは、登場人物から区別されながらも、その人物のなかで、またその人物を通して表明される。あらかじめ存在するフレームは、おのれが行為するのを見つめる人物の奇妙な超然とした態度を引き起こす。神経症の男や女のイマージュは、こうして次のような映画作家のヴィジョンに生成する。すなわち、おのれの主人公の幻想を通じて前進し、反映される、映画作家のヴィジョンである」[10]。

以上の分析は、たぶんアントニオーニのほぼすべての作品に当てはまることだが、パゾリーニは、特に『赤い砂漠』(一九六四年)を念頭に置いていた。この作中のヒロインは、交通事故に遭ったことから、様々な神経症的な症状に悩まされている。アントニオーニは、強烈な赤や青、あるいは反対にすべてが灰色に包まれた街路を映し出すことによって、ヒロインの目に映る世界と、アントニオーニ自身のこの世界のヴィジョンとを、「自由間接的」な連関のなかに入れるのである。これがドゥルーズの言う、アントニオーニにおける「自由間接的なヴィジョン」なのである。[11] 映画における「自由間接話法」が、作者と登場人物のあいだで構築される「自由間接的なヴィジョン」でもあるということが、ここからはっきりと理解されるだろう。

二　現実と虚構の対立を乗り越えるために

パゾリーニはまた、「自由間接話法」が意識的に使われた作品を「詩の映画」と呼んで、それを直接話法や間接話法からなる、「散文の映画」に対置していた。ドゥルーズは、前者を現代の「イマージュ‐時間」の映画に組み込み、後者を古典的な「イマージュ‐運動」の映画と見做したうえで、次のようにパゾリーニの理論を要約する。――「詩の映画においては、登場人物が主観的に見るものと、カメラが客観的に見るものとのあいだの区分は消失する。それがどちらか一方に資するからではない。カメラが主観的存在を得、内面的ヴィジョンを獲得したがためである。そして内面的ヴィジョンは、登場人物が事物を見る仕方と、ある偽装（*simulation*）.（「ミメーシス」）の関係に入っていく。私たちの先の研究〔『シネマ1』〕に従えば、まさにそこにパゾリーニは、伝統的な物語における二つの要素を、つまりカメラの視点から見た客観的で間接的な物語と、人物の視点から見た主観的で直接的な物語とを、同時に乗り越える道を見出したのである。そしてそれは、非常に特別な形式である「自由間接話法」、「自由間接主観」に到達するためなのだ[12]」。

「詩の映画」、すなわち「イマージュー時間」の映画においては、伝統的な「散文の映画」が、物語を有機的、かつ合理的に進展させるために保持してきた、主観的ショットと客観的ショットのあいだの明瞭な区分はなくなっていく。あるいは、そうした区別そのものが、二次的な意義しか持たなくなっていく。ドゥルーズもまた、その点に「伝統的な物語」を乗り越える映画固有の方法を見出していく。なおパゾリーニは、「自由間接話法」の例を、アントニオーニやゴダールの映画のうちに認めたわけだが、それは、映画だけに可能な固有の「自由間接話法」の形式を、彼らそれぞれが、新たに創り出してみせたからにほかならないだろう。それをドゥルーズは、「カメラが主観的存在を得、内面的ヴィジョンを獲得」することによって、映画作家と登場人物の視覚は、ある「偽装」の関係に入っていく、という言い方で要約しているのである。

こうして、映画において「物語」や「内面的ヴィジョン」を「偽装」すること、「シミュレーション」することが新たに問題となる。『差異と反復』の時期に頻繁に使われた「シミュラークル」という概念は、『シネマ2』において、物語の「偽装」(「シミュレーション」)という実践的な行為性を取り戻して復活することになったと言ってもいい。すなわち、いかなる〈戯れ〉のためでもなく、この世界を生きるために物語を「偽装」するということ。みずからの生存を賭けて、物語を「シミュレーション」するということ。ドゥルーズによればこれこそが、以下で見る「シネマ－ヴェリテ」の主要な問題となるものなのである。

およそ一九六〇年頃に相次いで登場してきた、「シネマ－ヴェリテ」や「ダイレクト・シネマ」と呼ばれる実践とは一体何であったか。これらの映画は、いわゆる劇映画とは異なり、〈現実（レアリテ）〉をテーマとして直接取り上げた作品が多い。だが、その内容や在り方は非常に複雑かつ多様で、単純にフィクション／ドキュメンタリー、ないし物語／記録という従来の区分で語ることは難しい。それらの映画は、物語の「偽装」、「シミュレーション」を通じて、言わば現実と物語の両面に、特異な仕方で関わっていくことになるからだ。ドゥルーズが着目するのもまさにその点である。だが、こうした新たなタイプの映画の形式を具体的に見る前に、映画史における広義のドキュメンタリーの位置を、ドゥルーズと共に確認しておく必要がある。――「もしずっと前からフィクションを拒否してきた諸形式を参照するなら、人は、現実（レアリテ）についての映画が、ある時は、実在する様々な環境や状況、人物たちを客観的に見せることを主張し、またある時は、人物たち自身が事物を見る仕方を、主観的に示すべきだと主張していたことを確認することになる。そのような方法を通じて彼らは、みずからの状況、境遇、問題を見つめることになった。簡単に要約すればそれが、ドキュメンタリーないし民族誌学の極みと、調査ないしルポルタージュの極みを成していたのである。これら二極は、映画史上の傑作の発想の源となっており、いずれにしても混ざり合っていた（一方にはフラハティが、他方にはグリアソンとリーコックがいた）。しかしフィクションを拒否することで、もしこうした映画が新たな道を見出したのだとすれば、それは、ともあれ映画的なフィクションそのものに依存した真理という理想を温存し、かつ純化させることにもなったのだ」[13]。

ロバート・フラハティは、言うまでもなく史上初のドキュメンタリー映画とされる、『極北のナヌーク』（一九二二年）の監督であり、この作品はハリウッド的な「フィクションを拒否する」ことで、民族誌学的な映画の道を切り開いたと言われる。しかしながら、この作品はすでに多分に、虚構（フィクション）と現実（レアリテ）に関わる別種の難問を孕んでいた。すなわち『極北のナヌーク』は、北米の寒冷地帯に暮らすイヌイットの生活の美しい記録なのだが、そこには現実（レアリテ）とは異なる、ある種の「理想」の生活像が演出され、再構成されるかたちで含まれていたのである。フラハティは、映画のために伝統的な生活を再現させるなどし、その結果この映画は、機械化された西洋文明の観客たちの持つ、プリミティヴで自然な生活の「理想」に見事訴えることになった。ドゥルーズの言う「映画的なフィクションそのものに依存した真理という理想」とは、この点を鋭く突いた言葉であると言える。

つまり、「現実（レアリテ）」を志向する古典的なドキュメンタリー映画は、「フィクションを拒否」しながらも、実はある別種の「フィクション」に依存していたということになる。このことは、先ほど見た主観と客観の区別の観点からも指摘することができる。――「すなわち、カメラが見るものと、人物が見るものがあって、あり得べき両者の対立関係と、その不可欠な解決とがあった。そして人物そのものは、見られ、かつ見ているという資格によって、一種の自己同一性を保つか、身につけるかしていた。また映画作家‐カメラも同じように、民族学者やレポーターとしての自己同一性を保持していたのである。映画が捉え、発見しようとする現実（レアリテ）のために、あらかじめ確立されていた諸々の虚構（フィクション）を拒否することは、非常に重要なことだった。しかし、実在するもののためにフィクションを放棄したとはいえ、真理のモデルをまるごと守っておくことによってそうしたのである。その真理のモデルはフィクションを想定しており、それより生じるものだった。ニーチェが示していたのは、真なるものという理想こそが、実在するものの核心にある最も根源的な虚構（フィクション）だということなのだが、映画はまだそれに気がついていなかった。物語の真実性が基礎づけられ続けていたのは、まさにそのフィクションのなかだったのである」[14]。

フラハティは、当時のハリウッドですでに確立されていたフィクション映画を忌避し、この世界の「現実（レアリテ）」に目を向けようとした。しかしそこには、彼自身が抱いていた「真なるものという理想」が厳然としてあったのだ。だからドキュメンタリー映画においても、あるいはドキュメンタリー映画だからこそなおさら、「真理のモデル」は護持されてきたとも言える。このことは、フラハティ以降、彼の方法に部分的に反発しながらも、社会改革のため、「ルポルタージュ」などの方法で記録映画を推し進めていった、ジョン・グリアソンやリチャード・リーコックなどにも当てはまることだった[15]。

繰り返すが、「真理のモデルはフィクションを想定しており、それより生じる」。だとすればニーチェの言う、「真なるものという理想こそが、実在するものの核心にある最も根源的な虚構」なのだという、言わば究極の真理は、物語映画と記録映画の両方に対し、非常に困難で、本質的な問題を提起することになるだろう。またそれゆえにドゥルーズは、フィクションを前提したうえで、リアリズムを標榜する物語映画に対しても容赦しない。「とにかく物語の真実性は、ひとつの虚構であることを止めたことはなかった」と。[16]

したがって、映画が何らかの「真実」を、または「真なるものという理想」を想定している限り、それは必然的に一種の「虚構」を、みずからのうちに含んでしまわざるを得ないだろう。ならば問題は、虚構か現実かの二者択一によっては、決して本当には解決されないはずである。つまりドゥルーズは、虚構か現実かという二元論に、誤った問題設定しか見ていなかった。――「断絶は虚構と現実のあいだにあるのではなく、それら二つすべてに影響を及ぼす、物語の新たな様態のなかにあるのだ。ある変化が、一九六〇年頃、互いにまったく独立した複数の地点において生じた。カサヴェテスや、シャーリー・クラークによるダイレクト・シネマ、ピエール・ペローによる「体験の映画」、そしてジャン・ルーシュによる「シネマ－ヴェリテ」のなかにおいて。そこでたとえばペローがあらゆるフィクションを批判する時、それはフィクションが、あらかじめ確立された真理のモデルを形成する、その方向においてなのである。つまりそのような真理のモデルは、支配する側の諸観念や、植民者の視点を必然的に表現しており、それが映画作家によって工夫される場合も同じことだからだ」[17]。

ドゥルーズの論じる映画の対象が、西洋のものから、周縁的な地域や元植民地などのマイナーなものへと、ここではっきりとシフトしていることに注意しなければならない。『シネマ2』における、ドゥルーズの重要な企図のひとつが、マイノリティによる、こうした映画の新たな実践に厳密に対応する、新たな概念を創り出すことにあったと思われるからだ。そのためにはまず、彼らと共に徹底的に「フィクション」の概念が問い直され、批判されねばならない。

ドゥルーズの言葉を聞こう。――「宗教において、社会において、映画において、そしてその他様々なイマージュの体制において、フィクションは、それを真なるもののために表明する「崇拝の念」から切り離すことができない。「汝の崇拝の念を廃せよ」というニーチェの言葉を、ペローほどよく聞き届けた者は決していなかった。ペローが、ケベックの実在の人物たちに話しかける時、それは、ただ単にフィクションを排除するために為されるのではない。そのなかに入り込む真理のモデルから、フィクションを解放するためであり、また逆に、そうしたモデルに対抗する、純粋にして単純な仮構作用〔作り話〕の機能（la pure et simple *fonction de fabulation*）を取り戻すためなのだ。フィクションに対立するもの、それは実在するものでも、真理でもない。真理とは、常に支配者たち、ないし植民者たちのものだ。フィクションに対立するものとは、すなわち、それが現にひとつの記憶、伝説、また怪物であるところの力を、偽なるものに与える限りにおいて、貧しい人々による仮構機能なのである[18]」。

「フィクション」には「崇拝」が、「崇拝の念」が必ずついて回る。架空の人物を崇拝する人間は至るところにいる。だがそれだけではない。まず注意すべきは、ドゥルーズがこの

「虚構（フィクション）」という語を、極めて長大な射程で捉えている点である。すなわち小説などの「物語」だけではなく、「宗教において、社会において、映画において、そしてその他様々なイマージュの体制において」、絶えず機能しているものとしての「虚構（フィクション）」である。「宗教」においては神、「社会」においては貨幣やイデオロギー、「映画」においてはヒーローやヒロインといった具合に、あらゆるところに「虚構（フィクション）」と、それが表現する対象への「崇拝」が認められる。そこから、次のような相補的な定式が導き出される。

〈あらかじめ確立された真理のモデル〉―〈それを支え維持するための虚構（フィクション）〉―〈虚構（フィクション）によって生み出される崇拝の念〉

　これら三つの密接な連携によって、この社会のなかに強固な支配・管理体制が敷かれることになる。だがそれが、実際には「支配する側の諸観念や、植民者の視点を必然的に表現」しているに過ぎないとすればどうか。一体それを〈真理〉などと呼べるのか。いずれにせよ、「フィクション」がそれを「真なるもの」に祭り上げ、そこには必ず「崇拝」する者と「崇拝」される対象が生み出されるのだとすれば、一体どうしたらこの悪しき循環を断ち切ることができるのか。おそらく路はひとつしかない。すなわち「汝の崇拝の念を廃せよ」というニーチェの言葉を、ひとつの高次の実践にまで高めなければならない。それも驚くべきことに、「フィクションを排除する」ことによってではなく、むしろまったく反対に、「そのなかに入り込む真理のモデルから、フィクションを解放する」ことによって。つまりそれが、真理の「モデルに対抗する、純粋にして単純な仮構作用の機能を取り戻す」ということの意味にほかならない。

しかしそれは、極めて微妙で、困難を極めた路になるだろう。なぜなら、既存のあらゆる「フィクション」は、「崇拝の念」と不可分の関係にある。にも拘わらずドゥルーズはここで、「崇拝の念」を廃しつつ、既存の「フィクション」に、言わばあるもうひとつの「フィクション」を対立させようとしていることになるからだ。言い換えるならそれは、「あらかじめ確立された真理」のモデルに基づいて作られたフィクション(たとえば大国が依拠する建国神話や、特定の宗教の教義)に、そのモデルから「解放」された、別種の新たな物語を以て抵抗するということだ。それゆえドゥルーズにとって、彼自身が設けた「虚構(fiction)」と「仮構(fabulation)」のあいだの微妙な差異が、これ以後、極めて重要なものとなるだろう。[19] つまりドゥルーズにおいて、前者が「真理のモデル」に依拠した既存の物語を指すのだとすれば、後者は未だ存在しない未来の、「来たるべき民」のための〈新たな物語の創造〉を指すだろう。この意味において、後者の「仮構作用」こそが「偽の力」を高次の実践にまで高め、物語を現実のなかで「シミュレーション」する行為に通じていると考えられるのだ。

要するに、ドゥルーズがベルクソンの「仮構作用」の概念を再び取り上げたのは、現代の状況に即して、改めて「物語」に関する問いを生み出し、刷新するためであった。すでに久しく注目されることのなかったこの概念に、最大級の関心を、しかも自身がそれまで構築してきた哲学の核心部分に、深く喰い入るほどの関心を払うことができたのは、ドゥルーズ以外にいない。この意味で彼は、先行する哲学者たちの諸概念に新たな生気を吹き込み、〈現在〉に立ち向かうためにそれらを動態化し、実践的な武器とすることのできた、数少ない哲学者に属している。

三　現代映画の使命

ドゥルーズは新たなタイプの「物語」が、「映画」によって生み出されていることに対して、極めて鋭い意識を持っていた。何かを物語る行為が、小説や演劇の形式を必ず取るとは限らない。十九世紀に発明された映画が、固有の話法を作り出し、それを複雑に進化させていたからだ。そしてそれは、小説や演劇に代わる新たな「虚構（フィクション）」などとして片付けてしまうことの不可能な、まったく新たな事態を、「現実（レアリテ）」のなかに実際に作り出していたのである。だからドゥルーズは次のように言う。――「映画が捕えなければならないもの、それは、実在の人物であれ虚構の人物であれ、客観的かつ主観的な諸相を通じた、ひとりの人物の自己同一性などではない。人物自身が「虚構化」しはじめるちょうどその時、彼が「伝説と化すその現行犯」となるまさにその時の、実在の人物の生成こそを捕えなければならない。そのようにして映画は、彼（か）の民の創出に貢献するのである。人物は、以前と以後から切り離すことができないが、彼は、ある状態から他の状態への移行のなかで、以前と以後を結合させる。つまり人物は、彼が決して虚構的であることなしに物語を作りはじめる時、彼自身、ひとりの他者へと生成するのである。そして映画作家のほうも、虚構(フィクション)そのものを、そのようにして、彼ら自身による仮構作用(ファビュラシオン)によってまるごと取り替えてしまう実在の人物たちに「仲介される」時、ひとりの他者へと生成するのだ。そしてこれらの人物と映画作家は共に、ひとつの民の創出のなかで相互に通じているのである」[20]。

映画が果たす役割、もしくは果たしうる役割もまた、大戦以前と以後では大きく変わってきていた。戦後に現れた新たな諸状況において、もはや映画作家たちは、かつてエイゼンシュテインが、ソヴィエトのプロパガンダとして、『戦艦ポチョムキン』(一九二五年)を作ることができたのと同じようには、政治的な映画を作ることができない。それは単に、状況や時代背景が以前とは異なってしまっていたからだけではない。個々の人間の在り方もまた、戦前と戦後で大きく変わってきていたからである。すなわち、エイゼンシュテインにとっては、少なくとも彼の前に、呼びかけられ、統一されるべき民がすでに存在していた。このことは、ナチスのプロパガンダのために『意志の勝利』(一九三四年)を撮った、ドイツ人のレニ・リーフェンシュタールにも、あるいは『国民の創生』(一九一五年)というタイトルを、自身の最初の長編作品として掲げることのできた、アメリカ人のD・W・グリフィスについても言えるだろう。

ところが、ソヴィエト、またアメリカやドイツといった大国とは対照的に、マイナーな小国、元植民地の国々、あるいは大国の周縁に暮らすマイノリティにとっては、あらかじめそれと確かに同定しうる「民」など、もはや、もしくは未だかつて存在しなかった。仮にいたとしてもそれは、あくまで「支配者たち」や「植民者たち」が敷いた体制に従属させられ、バラバラに分散させられた姿においてでしかなかった。「民」とは誰なのか、また一体どこにいるのか。そのように問う時、長い歴史のなかで蹂躙されてきた、小国や周縁のマイノリティの「自己同一性」の問題が、そのただなかに生きる作家に鋭く突きつけられることになったのである。「私とは、ひとりの他者である」。これはその最初の覚醒した意識であり、ランボーからカフカを経て、現代のマイナーな映画作家たちへと通じる系譜にして、現実の直接的なヴィジョンにほかならない。

ならば「仮構作用」とは、理論である以前に、マイノリティのほとんど唯一の武器であり、叫びであり、抵抗であり、また祈りではなかったか。ドゥルーズの諸概念の批判的整理や解説に甘んじている限り、彼が正面から取り組もうとした、こうしたアクチャルな問題に遭遇することはできないだろう。しかもまさしくそこから、「ひとつの民の創出」という、後期ドゥルーズにおける哲学的主題も起こってきたのである。

カナダ、ケベック州のフランス語圏の人々と共に映画を作ったピエール・ペロー、アフリカ人と共に映画を作り続けたフランス人ジャン・ルーシュ。この二人は、それぞれの状況は大きく異なるとはいえ、以上のような困難のなかで映画を実践していた者たちの、偉大な典型である。[21] またたからこそ彼らは、フラハティや彼の後継者たちのような、撮る側と撮られる側が、「真なるもの」という理想のもとで明確に区分され、それぞれの同一性を保持した、従来のドキュメンタリー映画とは一線を画す、新たな形式を生み出すことができたのだ。

もはや「生成」の概念は、語る行為、また物語を生み出す行為から、言い換えれば「偽の力」の生存を賭けた使用、「シミュレーション」から切り離して考えることができない[22]。ただし、その場合の物語る行為とは、従来の意味で「虚構的」であってはならない。なぜなら「虚構的」であるとは、「現実的（レエル）」なものとの二者択一に戻ることを意味しており、そうである以上、架空の物語世界への単なる逃避となる恐れがあるからだ。また同じ理由から、物語る行為を通じた「生成」において、人物自身における「以前」と「以後」の状態を切り離してもならない。もし「以前」と「以後」が不調和で、非合理的かつ非理性的でさえあるとするなら、そこにもっともらしい解説などを付け加えてはならず、それらはそのままの姿で「結合」され、提示されねばならない。ちょうど、ルーシュの『狂気の主人たち』（一九五五年）におけるアフリカ人の「日常」と「儀式」での豹変、そして「日常」への再移行においてそうであったように。——「その時こそ、映画は「シネマ－ヴェリテ」と呼ばれていい。つまりそれが創造的な生成のために、また真実（vérité）の生産のために、あらゆる真なるもののモデルを破壊するだけに、一層その名に値するのだ。すなわちそれは、真実の映画ではなく、むしろ映画の真実となるだろう[23]」。

「あらゆる真なるもののモデル」とは、すなわち支配者たちの、植民者たちの、要するにドゥルーズやルーシュ自身が属する西洋社会の、マジョリティにとっての「真理」であり、理想であり、善にほかならなかった。「貧しい人々による仮構機能」は、そのモデルに抵抗することによって「真実の生産」となる。このような映画は確かに「真実の映画」などではなく（そのように主張する映画はどれも、すでに巧妙なフィクションであろう）、創作のプロセスを通じてはじめて現実のものとなる、「映画の真実」であるだろう。

その時、作中の人物と実在の人物の関係もまた、古典的な映画とは異なるものへと変貌する。――「人物は、フィクションを一個の規範としてではなく、ひとつの力として肯定するために、なによりもまず、実在の人物でなければならない。すなわち人物は、彼が虚構的なものではなく、実在するものであるからこそ、おのれの存在を明らかにするために、物語を作りはじめねばならないのだ。人物は絶え間なく他者へと生成する。そしてそれは、民とひとつになった生成から、もはや切り離しえないのである[24]」。

「民とひとつになった生成」。これはドゥルーズの主題、「ひとつの民の創出」と一体をなしている。ドゥルーズの言う「他者（un autre）」とは、「ある他なるもの」、ある未知なるものにほかならない。したがって、不定冠詞で表される「ひとつの民（un peuple）」もまた、特定できるいかなる「国民」とも異なる、未知の、または未来の、〈来たるべき民〉を指すものと考えられる。〈他者への生成〉が、「民とひとつになった生成から、もはや切り離しえない」と言われるのは、まさにこの意味においてである。――「ただ、私たちが人物について言っていることは、他方では映画作家自身にも大いに関係している。彼もまた他者へと生成する。というのも、実在の人物たちを仲介者と見做し、映画作家の虚構（フィクション）を、人物たち自身の作り話（ファビュラシオン）で置きかえ、しかも反対に、その作り話に伝説の形象を与え、その「伝説化」を実行するからだ[25]」。

もはや映画作家は、高みから俳優に指示を与える存在ではない。彼もまた、「実在の人物たち」による「作り話」と共に「他者へと生成する」。ドゥルーズはその例として、ペローとルーシュの名を挙げているが、それぞれの映画作家にとって、具体的に何が問題となっていたのかを知っておく必要がある。――「ペローにとっては、支配された彼の民に属しつつ、抑圧され、失われてしまった集団的自己同一性を取り戻すことが問題である。ルーシュにとっては、支配的な文明から脱し、ある他の自己同一性の前提に達することが問題なのだ[26]」。

ドゥルーズ哲学においては、「自己同一性」は、一方的に批判されるべきものであるかのごとく、しばしば誤解されている。だが、必ずしもそうではないのだ。「自己同一性」の観念は、新たな〈問題〉として摑みなおされ、再び現れてくる。つまり、「他者」への、「他なるもの」への「生成」は、「ひとつの民」と呼ばれるための条件をなすはずの、何らかの「集団的自己同一性」へと達しなければならない。すなわち〈他者への生成〉は、新たなもの、未知なるものへの「生成」であると同時に、それ自体が、「ある他の自己同一性の前提」の創出と不可分でなければならないのである。そうでなければ、「ひとつの民」の創出ということ自体が背理となる。それゆえ――「それはもはや「国民の創生」ではなく、ひとつの民の構成ないし再構成である。そこにおいて映画作家と登場人物たちは、互いの力によって、共に他者へと生成するのであり、少しずつ、場所から場所へ、人物から人物へ、仲介者から仲介者へと、集団を獲得していくのである」[27]。

ドゥルーズは以上を、これまで見てきた「三つの大きな主題」に即して整理してみせる。

――「登場人物は、現実と虚構のあいだの境界を、絶えず越えていく（偽の力、仮構作用の機能）。映画作家は、登場人物が「以前」にそうであったものと、「以後」にそう成るはずのものとに到達しなければならず、ある状態から他の状態への絶え間ない移行のなかで、その以前と以後を結合しなければならない（直接的なイマージュ－時間）。映画作家と彼の登場人物の生成は、すでにひとつの民に、共同体に、マイノリティに属しており、それによって彼らは表現を解放し、実践するのである（自由間接話法）」[28]。

ここに、ドゥルーズの重層的な〈物語行為論〉が見事に要約されている。つまり「物語」がどのように現実のなかで作動し、またどのようにそれが「時間」、および「生成」と本質的に連関するのかが示されている。「偽の力」と「仮構作用の機能」、「直接的なイマージュ－時間」、そして「自由間接話法」は、実際、「マイノリティ」による映画の具体的実践のなかで総合されることになるのだが、ただし「その方法が発揮されるのは、仮構作用が湧き起こるのと同じ点において現実を構成する、登場人物たちにおける以前と以後にカメラが絶えず達しようとする、その方向においてのみである」[29]。その時、映画はあたかもドゥルーズの〈物語行為論〉を総合する芸術であるかのように現れてくるのである。

第六章　民が欠けている

一　何をもって「マイナー」と呼ぶか

いわゆる先進国と呼ばれ、欧米とのつながりの深い今日の資本主義体制にどっぷりと浸かって暮らしていると、物語や詩、戯曲や映画などを創作し、世に問うということが、厳しい政治体制や宗教的規制がある国や地域においては、いかなる性質の行為であり、また時としてどのようなインパクトを持つことになるかということは、我が身のこととしてはなかなか想像し難い面がある。スターリン政権下のソヴィエト、ナチス統治下のドイツ、ファシスト党のイタリア、そして戦時中の日本における作家たちはどうだったか。物語る行為の自由が保証されない事態はしかし、大戦期だけに限った特殊な話では些かもない。今この現在においても、様々な国や地域において認められることだろう。

また専制的な国家で、政府や当局の意にそぐわないかもしれない物語の類いを作り、発表することは、作者の命の危険に直結することでもあるはずだ。実際、作家が監禁、投獄され、尋問、拷問されるといった事件は、ごく最近でも聞かれる。それは、国家や政府にとって批判的な内容を持つ物語や創作物が、もし一般に広まり支持されれば、体制を揺るがしかねないことを、彼らが十分に知っているからだろう。何かを物語るという行為が、目に見えて反体制的、反国家的であるとはもちろん限らない。だが、それが真に創造的である場合には、現状の社会体制や制度への根本的な批判、およびそれに抵抗する何か新しい行為の萌芽となり得るものを含んでいるということは、大いにあり得る。小説や映画といえば、ほとんど娯楽や趣味の類いしか思い浮かべられないまでに「民主化」されてしまった国の民には、容易には気づき難い、物語の凄まじい力というものはやはりあるのだ。そしてそれは、かつてカフカ論のなかで「マイナー文学」とドゥルーズとガタリが呼んだもののうちに、切実なまでに認められるものではなかったか。ドゥルーズはその問題系を、『シネマ』へと延長し、進展させている。〈マイナー映画〉というものはあるのか。あるとすれば、それはどのようなものだろうか。そのように問うに至ったことは、ドゥルーズにとってはほとんど必然のことだったに違いない。

何ごとかを物語る行為が、小説に限定されるわけでもなければ、必ず出版物の形式を採るとも限らないことはすでに述べた。現在では多岐にわたる映像メディアと通信技術の結合が、「語る行為」の主流となっているが、二十世紀に関して言えば、とりわけ映画が、社会を、政治を動かす大きな力の一翼を担っていたことは間違いない。ということは同時に、物語る行為に対する何らかの規制が、検閲が、そして弾圧が絶えず存在していたということでもある。統治が、支配が存在するところでは必ず、一方にそうした検閲があり、他方にはそれに対する抵抗の試みがある。大国のなかのマイノリティ、大国に隣接する小国、あるいは宗教や教義や人種を異にする複数の国や地域が隣り合い、犇めき合うところでは、このことは知識としてではなく、生々しい現実の問題として、今も体験されているに違いない。

やはりフランツ・カフカが問題となる。大国の狭間で、間もなく激動期を迎えようとする十九世紀後半のプラハで、少数派のドイツ語を話すユダヤ人としてカフカは生まれ、物語ることを一身上の問題として、自覚的に引き受けて書いたと言われる。そしてその「一身」の内訳には、国家、人種、社会、宗教、法制度、家族、友人、恋人そして自身の欲望の問題まで含まれている。つまりすべてが。

ドゥルーズはしかし、特にどのような点に、自身の哲学のモチーフに通じるカフカの新しさを見ていたのだろうか。とりわけ映画論におけるカフカの意義は、どのような点に認められるのだろうか。そのひとつは、やはり「マイナー」と呼びうるものに対するカフカの鋭敏な意識、また「欠けている民」への鋭い洞察のうちに見出されるように思われる。――「民はもはや存在しない、あるいはまだ……。民が**欠けている**」。

このような意識、ないしは予感は、ある面でカフカ自身が強いられていた、書くうえでの困難な条件のひとつでもあったのではないか。彼の異様なまでの孤独は、個人の問題をどこまでも超えて、語りかけるべき民の不在を予感していたのではなかったか。またそのことによって、彼以降、およそ「マイナー」と見做される人や集団が物語を作り、語ろうとする行為は、何らかの点で必ずカフカと関係を持つことになる、そのようにドゥルーズは見ていたのではないか。

実際ドゥルーズは書いている。――「おそらくこの真理は西洋にとっても有効なのだが、それに気づくことのできた作家はまれであった。なぜならそれは、権力のメカニズムとマジョリティからなる体制によって隠されていたからである。それに反してこの真理は、第三世界においてはっきりと現れていた。つまり搾取され、圧政に苦しめられる国々は、永続的なマイノリティの状態にとどまり続けており、集団的なアイデンティティの危機に晒されていた。第三世界とマイノリティは、そうした国のなかで、彼らが属する国と彼らの私的な状況との関係から、民とは欠けているものだと言わねばならない状況にある作家たちを誕生させていた。カフカとクレーは、そのことを明白に宣言した最初の人たちであった[2]」。

ただ注意しておかねばならないが、「第三世界とマイノリティ」といった地勢図的な区分以前の、より一般的な意味での「マイノリティ」と「マジョリティ」の関係は、可変的なものであり、時代や場所や状況次第で容易に反転し得る。このことは、後で見る「権利」や法的な「根拠」の有無の観点から見てもやはり言える。たとえばヒトラーの率いたナチ党は、最初誰が見ても少数派、マイノリティであった。だが彼が政権を握ると、瞬く間にそれは国家規模のマジョリティと化した。つまりヒトラーは、「語る行為」を通じておのれの「権利」を新たに創設し、数々の無法な行為を一挙に合法化してみせたわけである。

ドゥルーズが語らんとする意味でのマイノリティ、マイナーなものは、状況次第でどちらにも反転し得るもののひとつなどでは、もちろんない。だが、言わばその真の「マイナー」性について定義しようとなると、難しいこともまた確かである。マジョリティとマイノリティは単に数的な違いによって定義されるわけではないからだ。しかし後に見るように、それがいかに重要で不可欠な視点を提起することになるとしても、マジョリティを「権利」の保有者、マイノリティを「権利」を持たない者、剥奪された者という観点から区別するだけでは、おそらくまだ十分ではないと思われる。[3] それは両者の関係が、権利の観点から見てもなお相対的であるからだけでなく、ナチスのような新たな権利の創設の危険な例を、この問題が常に孕んでいるからだ。要するに一体どうすれば、新たなナチズムに、新たなファシズムに陥ることなく、人は何かを為しえるのか。どうすればルサンチマンやニヒリズムに囚われることなく、人は語り、創造し、生成することができるのか。

ドゥルーズがカフカに託して語ろうとした、「マイナー文学」におけるマイナー性とは、突き詰めるなら、言わば絶対的にマイナーなもの、決して本質的にメジャー化されることのないマイナー性だと、考えられはしないだろうか。単なる事実として見るなら、メジャーなものにもマイナーな部分は潜んでおり、マイナーなものにもメジャーな側面はあると言えようが、そうした相対的な視点とは別に、マイナー性を概念として提起する以上、メジャー化されることのない、本質的にマイナーなものの持分とでも呼ぶべきものがあるのでなければならないだろう。カフカ論でドゥルーズとガタリが掲げた、「偉大なもの、革命的なものは、ただマイナーなものだけである」というスローガンは、おそらく以上の点を踏まえたうえで理解されねばならない。
　しかし他方で、カフカの小説は今やあまりにもメジャーであり、現代文学における最高のもののひとつとして、広く評価されている。この事実はどうなのだろう。国家は、社会は、あるいは資本主義は、芸術に内在するマイナーなものに権利を付与し、社会的な価値を与えることによって、つまりメジャー化することによってシステムの内に取り込もうとする。その肝心の「革命的」で、「マイナー」な部分がこうして脱色されてしまう。だが真にマイナーな部分は、そうした社会的、資本的価値とは別に、メジャー化されずに残り続けるのではないだろうか。現にカフカの小説のなかに、尽きせぬ新しさと共に、何か不穏な、危険なものを、恐るべきものを、革命的なものを見出し続ける者が、彼の死後、二十世紀を通じて繰り返し出現することになるのも、この決してメジャー化されざる「マイナー」なものの持分に因るのでなくて何であろうか。マイナーなものとは、この意味において現実化されざる潜在的なものの持分であり、潜勢力であると言える。[4]
　それゆえ、社会における〈事実上〉のマイノリティによる語る行為が、無条件で、以上のような意味で「マイナー」であるということにはならないだろう。ドゥルーズ自身述べているように、「偉大な才能」が「マイナー文学のなかに溢れているわけではない」からだ。[5] ただ、語る権利が与えられておらず、制度的な根拠も、法的な基盤も持たないマイノリティが、社会のなかに現に存在していることは紛れもない事実である。この意味においてマイノリティは、国家や社会制度によってその存在が承認されていないという、厳密に法的な意味で理解されなければならないだろう。たとえば、身元不明の者が、法廷や公の場で何かを語る場合、語られる事柄の真偽はほとんど確かめようがない。したがって正式に認めようがない。根拠を示せと言われても、ほとんどできない。根拠がないからではなく、その根拠を真正なものとして証明できるものが、みずからが語る言葉以外にないからだ。ある人の発する言葉に、もしくはその存在そのものに社会的な根拠がなく、いかなる法的権利も与えられないとは、現実に即して考えてみるなら凄まじいことだろう。実際のケースでは、そこまで極端なことはまれだとしても、「マイノリティ」とは、単なる社会的少数者という意味ではなく、ラプジャードが提起した重要な観点によるなら、まさしく法的な根拠（fondement）も基盤（fondations）も持たない者、つまり法的な意味で存在する権利を欠いた者のことを指すと言える。[6] しかしそこには、「メジャー」と「マイナー」の関係を、「語る行為」の問題に即して見るための、実践的問題の形成の可能性も秘められている。それを見ていこう。

まず、マジョリティにおける「語る行為」が、制度的な基盤に根ざした、社会的な権利を有するものとして定義されるとすれば、それは社会的・歴史的な根拠を持つという意味で、すでに時系列化され、構造化されたものであると言える。一方、マイノリティの発する言葉には、制度的な基盤があらかじめ与えられていない。したがって社会が要請する出来事の時系列化からも、構造化からも外れていると考えられる。マイノリティとは、それゆえ既存の社会制度の内側から見るなら、「外」であり、「他者」であり、権利を持たない者ということになるだろう。しかしこの点には、微かなチャンスがあるのではないか。なぜなら正統な根拠があろうとなかろうと、「仮構作用」は、「作り話」は、無からの創造などではありえず、その基礎を、文字で書かれたものも含めて、何らかの個人的・集団的「記憶」に置くほかないと考えられるからだ。ある国の神話としてすでに公的に承認されているものも例外ではない。マイノリティの場合で異なるのは、彼らが依拠すべき記憶が、国家的、制度的な承認を得たものではないという点である（社会的、法的根拠の欠如）。しかしそれはマジョリティ側の視点、立場からの判断でしかないとも言える。つまり言い換えるなら、マイノリティ、――ドゥルーズの挙げる具体例で言えば小国、第三世界、元植民地、あるいは大国のなかの周縁に生きる人々等は、根拠を剝奪された記憶、すなわち何時のことだか知れない、現在と隣り合わせの伝説や神話、また統合されていない断片的な物語の類いは持っていても、構造化された記憶や神話体系、編年体で明文化された歴史は持たない。これは確かに既存の社会制度的には、また法的には極めて不利で、厳しい条件であろう。しかしそれは、構造化され、時系列化されていないからこそ、真偽の決定不可能な生きた記憶に基づいて、ひとつの新たな物語（イストワール）＝歴史と共に、新たな民の基礎を創設する可能性に通じているとも考えられる。そしてそれは必然的に、すでに制度化され、権利を与えられているすべてのもの（神話体系、国家、社会、歴史、法律）へのミクロな水準での「抵抗」、ないしはそれからの逃走、逸脱と不可分の行為となるほかない。

ドゥルーズは、カフカの日記から引用しつつ次のように述べている。──「カフカは小国において記憶が取る、こうした力について語っていた。すなわち「小国の記憶は、大国のそれに比して短いというわけではない。だからこそそれは、より一層深くまで、現に在る素材に働きかける」。小国の記憶は、それが広がりにおいて持たないものを、〔時間的な〕深さと遠さにおいて獲得するのである」と。[7]カフカの言う「現に在る素材」とは、単に現前する事物のことだけではなく、「小国の記憶」の内容をなすはずの、そこに暮らす人々の生きた記憶のことでもあるはずだ。そしてそこに、新たな物語を生み出す可能性と、「来たるべき民の萌芽」となるものが含まれているのではないだろうか……。

しかし、やはり事はそれほど単純ではないし、楽観できるものではまったくないことも確かだ。なぜなら、現代のあらゆる国や地域で、多かれ少なかれ見出されるのは、すでにあまりにも複雑化してしまった、次のような事態にほかならないからだ。ドゥルーズは言う、──「映画作家は、文化の観点から見て二重に植民地化された民を前にしている。彼らは、まず他所からもたらされた諸々の物語によって植民地化され、さらに植民者に仕えて個性を失くした実体となった、彼ら自身の神話によっても植民地化されている」という末期的状況。つまり極めて困難な状況に作家は置かれているのである。[8]

だがドゥルーズにとって「マイナー文学」、ないしマイナー映画が開始される地点があるとすれば、それはまさにこのような現状認識、あるいは困難な現実のヴィジョンのうちにしかない。そこにドゥルーズは、次のような一縷の可能性を見るのだ。すなわち——「作家は多かれ少なかれ文盲である彼の共同体から孤立しているか、もしくは隔てられているのだが、それだけに益々、そうした条件は、潜在する可能な諸力を表現できるようにするのである。そしてそれは彼の孤独そのものにおいて、真の集団的な動因となり、集団形成の誘因、触媒となることができるようにする。文学についてカフカがこのように示唆していたことは、映画がそれ自体集団的な諸条件を集積するだけに、より一層映画に当てはまる」[9]。

二　民が欠けているとは

　ドゥルーズは、「民」の不在こそが、現代の政治的映画の核心を成すヴィジョンであることを、繰り返し指摘する。[10]「来たるべき民」が求められるのも、現代において「民」が決定的に欠けているからにほかならない。だが「民」が不在であるとは、一部のマイナーな国や地域だけに該当する話ではないのか。ヨーロッパにも日本にもアメリカにも民主主義があり、民は現実に存在しているではないか。この問題を改めて明確に語るために、ドゥルーズは再び「古典映画」と「現代映画」の差異に注意を促している。前者は「民」の〈存在〉を前提しており、後者は反対にその〈不在〉を前提している。――「これが古典映画と現代映画の第一の重大な差異である。なぜなら、古典映画において民は、圧政に苦しめられ、欺かれ、服従させられ、また盲目で無自覚であろうとも、そこに存在しているからだ」。[11]

　確かに「古典映画」は、繰り返し民の姿を描いてきた。たとえば戦前のソヴィエトは、「圧政に苦しめられ」た民と彼らが蜂起する姿を、あるいは「盲目で無自覚」な民が、革命によってより良い生産体制へと目覚める、飛躍の瞬間を描き出していた。エイゼンシュテインの『戦艦ポチョムキン』（一九二五年）や『全線　古きものと新しきもの』（一九二九年）をはじめ、様々にその例は挙げられる。またその一方で戦前のアメリカは、まさに映画を利用して、アメリカの「民」とその成り立ちを、その正義や愛を、またその生活の立派さや悲哀や面白さを描いてきた。アメリカ映画の誕生をしるす、D・W・グリフィスの『国民の創生』（一九一五年）以来、ジョン・フォードの西部劇、そしてチャップリンの喜劇に至るまで、数々の古典的ハリウッドの傑作がそうして作り出されてきた。だから――「アメリカ映画においても、ソヴィエト映画においても、民は実在（レエル）である以前に現実的（アクチュエル）な存在として、抽象的であることなく理想的なものとして、すでにそこにいるのである。そこから、大衆の芸術としての映画は、大衆を真の主体とする優れて革命的な芸術、または民主的な芸術であることができるという考えが起こってくる[12]」。

二十世紀における、アメリカとソヴィエトの二大国家の政治的・社会的動向と、映画の在り方やその変遷とはもちろん無関係ではない。どちらも映画を、政治的、経済的に重要な武器として捉え、組織的に扱ってきたからだ。ソヴィエトにおいては、「大衆を真の主体とする優れて革命的な芸術」としての映画が作り出され、アメリカでは、優れて「民主的な芸術」として産業的に巨大な発展を遂げていった。――「ところが数多くの要因が、そのような信念を危機にさらすことになっていった。ヒトラーの到来は、もはや主体となる大衆ではなくて、服従させられた大衆を映画に与え、スターリン主義は、民の一体主義（ユナニミスム）を、ひとつの政党による専制的な統一に取り替えてしまった。アメリカの民は解体し、もはや自分が過去の諸民族の坩堝であるとは、来たるべき民の萌芽であるとは、信じられなくなっていた（新たな西部劇でさえ、最初にこうした解体を明らかに示していた）。要するに、現代の政治的映画があったとすれば、それは次のような基盤のうえにおいてであろう。すなわち、民はもはや存在しない、あるいはまだ……。民が欠けている」[13]。

戦勝国であるアメリカにおいては、一見、戦争による断絶など存在しないかに思われる。経済的、文化的な発展は戦後も益々続いていくからだ。ただしそれも、やや遅れて多くの失望と疑念へと変わっていく。ドゥルーズが、戦後の「新たな西部劇」に触れているのも、そこに、アメリカ的な理想の静かな崩壊が示されているためである。すなわち、西部劇というアメリカ固有のジャンルは、この国の民主主義の在り方を、その理想を、一種の建国神話という形式によって反復してきた。ところが大戦後の「新たな西部劇」においては、登場人物のあいだに、徐々に奇妙な不協和音が混じるようになっていく。たとえばフレッド・ジンネマンの『真昼の決闘』（一九五二年）や、ニコラス・レイの『大砂塵』（一九五四年）では、善悪の古典的で明快な図式はもはや十分に機能しておらず、さらに後のサム・ペキンパーの『ワイルド・バンチ』（一九六九年）に至っては、「アメリカの民」のあいだの信頼関係は完全に崩壊してしまっている。以上のような推移は、戦後のアメリカで起こった赤狩りや、その後のヴェトナム戦争の泥沼化などとも決して無関係ではないだろう。

こうした様々な徴候が表していたのは何か。それはアメリカの民の解体である。戦後のアメリカは、「もはや自分が過去の諸民族の坩堝であるとは、来たるべき民の萌芽であるとは、信じられな」いような状況を、次第に露呈することになっていった。カサヴェテスのような映画作家は、戦後のアメリカ社会の家族のあり方を見つめながら、おそらく誰よりも正確にそのことを捉えていたと思われる。だからドゥルーズは、「現代の政治的映画」があり得るとするなら、それは「民はもはや存在しない」、「民が欠けている」という覚醒したヴィジョンのうえにしかないと述べるのだ。

ドゥルーズはしかし、カフカに加えて画家パウル・クレーの名を挙げていた。これは、やはり問題がヨーロッパに端を発していることを示唆している。クレーは、スイスに生まれドイツで活躍した画家だが、彼はバウハウスで教鞭を執った後、ナチスの台頭によって彼の作品もろとも迫害され、ドイツを追われることになった。つまりクレーも、カフカと並んで二十世紀の非常に早い時期に、作品を通して語りかけ、呼びかけるべき「民」の不在を鋭く察知し、そのことをはっきりと語った最初の芸術家のひとりだったのである。「大衆の芸術」として誕生した映画においても事態は通じるはずだが、ただ新興の映画が、文学や絵画と足並みをそろえて発展したわけではなかった。映画において、民の不在が意識され、問題として提起されるためには、やはり戦後を待たねばならなかったのだ。「大衆の芸術」としての映画は、「民」を本質的に必要としており、この意味でそれは、「来たるべき民」というテーマを宿命として背負っていると言ってもいい。だがそのためには、古典的な映画が前提としていたような「民」はもはやいない、ということに対する徹底した意識が不可欠となるだろう。これをはっきりと悟ることは、戦後に至っても西洋のメジャーな国の作家たちには、確かに困難なことだっただろう。なぜなら彼らの多くにとって「民」とは、依然として、自分と同じ宗教や文化や皮膚の色を持ち、同じ言語を話す「国民」のことを指し、想定されうる存在だったはずだからだ。

反対に、「集団的なアイデンティティの危機」に晒されてきた「第三世界」の作家たちには、必ずしもそのような前提はなく、不在の「民」への深い洞察が最初にあったし、またあらねばならなかった。ドゥルーズは書いている、——「民が欠けていることへのこうした現状認識は、第三世界とマイノリティにおいて、政治的映画の断念となるどころか、むしろ反対に、ただちにそれは、そのうえに民が基礎づけられるべき新たな基盤となる。芸術は、それもとりわけ映画芸術は、この課題に取り組まなければならない。すなわち、すでにそこにいると想定された民に訴えかけるのではなくて、民の創出に貢献するということ。支配者が、植民者が「ここに民などいたためしがない」と宣告するちょうどその時、欠けている民とは、ひとつの生成なのである。それはスラム街や収容所で、あるいはまたゲットーのなかで創り出され、その闘争のための新たな諸条件において、必然的に政治的なものとなる芸術は、民の創出に貢献しなければならないのである[14]」。

「民が欠けていること」は、確かに作家自身の苦しい現状認識とひとつになっている。だがそれは、「民が基礎づけられるべき新たな基盤」を改めて見出し、打ち立てようとする創設的な行為へと通じてもいるだろう（存在するための新たな権利の創出）。そして芸術は、わけても「映画芸術」は、「大衆の芸術」として始まったという、みずからの出自において、そうした任務を宿命的に背負っている。これがドゥルーズの考えである。

だが現代の「第三世界」の映画作家たちは、具体的にどのような状況下に置かれていたのだろうか。すでに見たように、「古典映画」において「民」は「実在（レエル）である以前に現実的（アクチュエル）な存在として、抽象的であることなく理想的なものとして」確かにそこにいた。理想的なアメリカの民、未来への希望に胸を膨らませたソヴィエトの民……。――「だがまさに大事なのは、もはや「全線」などないということ、つまり〈古いもの〉から〈新しいもの〉への進化など、あるいは一方から他方へと飛躍させる革命など、もはやないということなのだ。そこにはむしろ、南アメリカの映画におけるごとく、「不条理を形成し」、「常軌を逸した形態」を取って現れる、古いものと新しいものの並列ないしは相互浸透がある。政治的なものと私的なものの相互関係に取って代わるものとは、非常に異なった社会的諸段階の、不条理なまでの共存なのである」[15]。

かつて信じられ、夢見られた様々な政治的・社会的理想の多くは、大戦とその後の状況の変化によって、一旦破壊されてしまった。そこで新たに浮上してきたのが、「南アメリカの映画」をはじめ、「第三世界」と呼ばれる国々における、それまでほとんど注目されてこなかった、不条理に満ちた現実の姿である。その代表的な例としてドゥルーズが挙げるのは、ブラジルの映画作家グラウベル・ローシャである。ローシャは、ブラジルにおける一九六〇年代以降の新たな映画運動「シネマ・ノーヴォ」を牽引した作家のひとりだが、彼ほど当時のブラジルの混沌とした現実の姿に、鋭いまなざしを向けた者はいない。そこでは、古い神話的な思考や伝説が、現代の様々な事象と「不条理」なまでに「共存」しており、それがひとつの現実としてそのまま生きられていた。もはやそこには、「〈古いもの〉」から「〈新しいもの〉」への「進化」も、一方から他方への「飛躍」も存在しない。

反対に、そこにあるのは、古いものと新しいものの「不条理」な、しばしば暴力的で怪物的な「共存」であり、「非常に異なった社会的諸段階」の「並列」や、恐るべき「相互浸透」である。これは確かに、古典映画ではしばしば巧妙に隠されてきた現実の姿であり、光景であろう。だがよく目を凝らしてみるなら、まさしくこのような混沌とした事態こそ、「第三世界」に限らず、日本も含めた大戦後の世界の顕著な特徴となっていったものではないだろうか。すなわち、その土地に根ざした伝統や風習、また信仰といったものが、テクノロジーや貨幣経済が新たにもたらすもの一切と、調和を欠いたまま、暴力的に共存している。つまり「現在」とは、およそ雑多で不調和な様々な「過去」を、みずからのうちに共存させており、古いものから新しいものへの一方向的な「進化」論の立場、「時系列的な時間」に沿った考えなど、もはや維持することができない。

しかしそうなるとまた、一方に原始的な「神話」とその普遍的な諸構造があり、他方に現代的で科学的な思考の諸形態があるなどと、単純に考えることも、もはやできないだろう。なぜなら両者は、現代において、調和と均衡を欠いたまま「共存」しているからだ。「ローシャによる神話批判」が引き出されるのも、まさにこうした現実のヴィジョンに基づいてである。つまり――「問題は、古代における神話の構造や意味を発見するために、神話を分析することではない。そうではなく、古代の神話を、完全に現在（アクチュエル）の社会のなかで、諸々の欲動の状態、つまり餓え、渇き、性欲、力、死、尊崇に結びつけることにある」[16]。

ここでドゥルーズが、ローシャに託して暗に批判の対象としているのは誰か。それは、アマゾンの先住民族の探訪記『悲しき熱帯』（一九五五年）を書き、「神話」の精密な「分析」から、ついにその「意味」と「構造」の膨大な体系を築き上げた、構造主義者クロード・レヴィ＝ストロースであろう。ドゥルーズはここで、構造主義的な神話体系の綿密な「分析」に、ベルクソン的な「記憶」の潜在的共存を対立させている。そのことは、ドゥルーズが同じ節のなかで、「神話」を生み出す原理である、「仮構作用はそれ自体が記憶であり、記憶とは民の創出である」とはっきりと述べていることからもわかる[17]。

ローシャは、自身の作品のなかで、ブラジルの土地の神話を、混沌とした現在の社会と、その「諸々の欲動の状態」に結びつけ、同じ平面上に共存させる。だから彼の提示する「現実（レアリテ）」のうちに見出されるのは、神話の合理的な意味などではない。それは「古代の神話」や「伝説」と、現在の「欲動」の境界がもはや識別不可能となった、両者の非合理的で「不条理な共存」なのだ。それだけが作家の前にある。もちろんドゥルーズは、そのような事態を単純に礼賛しているのではない。そうではなく、そうした厄介で、困難な現実のヴィジョンからしか、真に新しい、創造的な実践は生まれてくることはないと言っているのである。――「すべては、あたかも現代における政治的映画が、古典映画におけるように、進化と革命の可能性のうえに成立するのではもはやなく、諸々の不可能性のうえに成立するかのようにして行われる。すなわち、カフカにおけるような耐えがたいもののうえに」[18]。

三　語る行為による抵抗

ドゥルーズにとって、「マイナー文学」とマイナーな政治的映画の実践とは、本質的に通じ合う。両者は究極的に同じ理念を抱えていると言ってもいい。カフカと共に画家クレーの名が挙げられていた以上、絵画も同様である。すなわち、「進化と革命の可能性」を断たれ、「耐えがたいもの」と化した「現実」において、ニヒリズムやペシミズムに陥ることなく、この世界を、この生を、いかに肯定するか。そのために、いかにして逃走線を、亀裂を、「現実」のなかに走らせることができるかが、私たちの「思考」において試され、賭けられているのである。

したがって力点は、「不可能性」の認識そのものにあるのではない。むしろ、そのような不可能なもの、耐えがたいもののヴィジョンの内側から、絶えず思考の力を汲み出し、逃走線を引こうとする、ドゥルーズの一貫した実践と戦略のほうにあるだろう。ドゥルーズにおいて真に驚くべきことは、「フィクション」が、また「神話」が批判されるのが、ほかでもない、それらを生み出した「仮構作用」そのものを通してだという点にある。すなわち「虚構（フィクション）」を、「仮構（ファビュラシオン）」によって置き換え、ずらし、批判するということ。神話や伝説、物語を生み出した機能そのものによって、既存の神話や物語を裏返し、解体し、改めてこの世界のなかで、この世界を生きるために不可欠な新たな言葉を、物語を再創造するということ。[19] このパラドックス、この「不可能性」のうちにこそ、ドゥルーズ哲学における「仮構作用」概念の特異性は認められるだろう。――「過去の民の神話ではなく、来たるべき民のための仮構作用。語る行為は、まさに支配のもとで生きることの不可能性を表現するために、支配的な言語のなかで、ひとつの外国語のようにして創り出されなければならない」[20]。つまりそれは、ドゥルーズの物語行為論そのものが、まさしく、ベルクソンによってあらかじめ条件づけられていた「仮構作用」の概念の内部で、「ひとつの外国語」のようにして創り出されたということなのである。

――「仮構することとは、生成が私たちのうちに浮上させる力に語らせることであり、言語活動を剥奪された力に語らせることなのだ。ここに全問題があるとすら言っていい」[21]。このように書く時、ダヴィッド・ラプジャードは疑いなく、ドゥルーズ哲学における「仮構作用」の本質的な意義と、その「生成」概念との不可分性を指摘し得た、稀有な論者のひとりであると言える。[22] ただし彼は、「妄想」と「仮構」をあくまでも同一視しており、その見事なドゥルーズ論において、「妄想」にまるごと一章を割いてさえいる。[23] しかし、「妄想」と「仮構」のあいだに、ひとつの差異を認めるべきではないだろうか。たとえそれらが、ある段階に至るまでは決して区別ができないとしてもである。「人はみな妄想する」のだとしても、ただそれだけでは、やはり十分ではないと思われる。[24] 単に「妄想」するのでも、お好みの「フィクション」を創作するのでもなく、「仮構」しなければ、それも「来たるべき民」を創出すべく、この大地のうえで創造的に仮構し、語らなければならない。これは常に異様な困難を伴う行為であろう。だがおそらくそれだけが、マイノリティの新たな権利の創出の問題にまで通じているのである。妄想や想像の水準にとどまっていてはならず、それらを含む諸々の「偽の力」を「高次の力」にまで高め、「創造的な仮構作用」[25]を解放するひとつの〈行為〉と化し、良き「生成」としなければならない（ルーシュ、ペロー、あるいはローシャの課題）。

しかし大規模な資本もスポンサーも持たない「第三世界」の、「小国」のマイナーな映画作家たちにとって、状況は極めて厳しい。あまりにも多くの人が、ハリウッドとその模倣で満ち足りている時に、誰がそもそも「マイノリティ」の作品を観ることを欲するのか。誰が一体「民」の創出などを求めているというのか。「民」はこれから先も、永遠に欠けたままなのではないか。もはや普遍化した市場と、管理された消費生活しか残されていないのではないか。こうした様々なニヒリズムの声が一方にある。しかし、――「作家には自分に「仲介者」を与える可能性が残されている。つまり、虚構のではなく実在の人物たちを捉えて、彼ら自身が「虚構化し」、「伝説化し」、「物語化する」状態に導く可能性である。作家は、登場人物たちのほうへ一歩踏み出すが、人物たちも作家のほうへと一歩を踏み出す。すなわち二重の生成。仮構作用とは、没個性的な神話ではないが、もはや個人的な虚構（フィクション）でもない。それは現に働いている言葉（パロール）であり、語る行為〔発話行為〕（un acte de parole）なのである。それによって人物は、政治的なものから私的な事柄を隔てる境界を絶えず飛び越え、彼自身の集団的言表を生み出すのである」[26]。

映画作家は、もはや単なる監督者でも、創造者でもなく、自分に「仲介者」を与えることができる。「仲介者」とは、現実と虚構を切り離すことなく、地続きで結びつける者のことであり、私的な事柄と政治的な事柄の境界線を絶えず越え、両者をダイレクトに結びつける者のことである。「支配者が、植民者が「ここに民などいたためしがない」と宣告するちょうどその時、欠けている民とは、ひとつの生成である」。そしてその「生成」のためには、実在の人物だけでは絶対に不十分であり、彼らは映画作家を必要としている。こうして映画作品それ自体が「語る行為」と化し、「集団的言表」の生産の場と成るのである。

「芸術」は政治を目標にすべきとも、政治的にならねばならないとも、ドゥルーズは述べていない。「芸術」はマイノリティが強いられた「新たな諸条件」においては、「必然的に政治的なものとなる」と端的に言っているのだ。「芸術」とは、ドゥルーズにとって「来たるべき民」への大いなる呼びかけ、その予感、あるいは無限の期待なのであって、カフカの文学が、クレーの絵画が、あるいはローシャをはじめとする「第三世界」のマイナーな映画作家たちが「政治的」であるとするなら、それはただこの意味においてだろう。そして哲学もまた、それと些かも異なるものではないのだ。ドゥルーズは『シネマ2』で展開したこのテーマを、再び『哲学とは何か』のなかで取り上げ、次のように総括している。

――「芸術家あるいは哲学者に、ひとつの民を創り出すことは確かにできない。できるのは、全力で彼らに呼びかけることだけだ。ひとつの民は、様々な恐るべき苦難のなかでしか創出されはしないのだが、彼らが芸術ないし哲学に、それ以上に関わることができるわけではないのだ。しかし哲学書と芸術作品もまた、想像を絶する苦難の総量を含んでおり、それはひとつの民の到来を予感させる。哲学書と芸術作品は、抵抗するという共通項を持つのだ。死への、隷属への、耐えがたいものへの、恥辱への、現在への抵抗という共通項を[27]」。

第七章　言葉とイマージュの考古学

「来たるべき民」とは、未来にふさわしい、待望された人々の共同体といったロマンティックなものではない。そのような民など、たとえドゥルーズが、彼らへと「全力で呼びかける」という表現を用いていたにしても、どこを探し回っても絶対に見つかりはしないだろう。つまり人は、ひとつの未知なる民へとおのれ自身が「生成」することなしに、いかなる民の姿も、その片鱗でさえ認めることはないだろう。言い換えるなら、来たるべき「ひとつの民」とは、いつの日か存在すべきものの名ではなく、生成そのものの名であり、おそらくは生成の反復のうちにしか見出し得ないものである[1]。それは、偉大な芸術家による制作の、生涯にわたる反復に比することができるかもしれない。この場合、芸術家とは、政治家や活動家などを含む、最も広い意味で理解されていい。したがってそれはまた、常に新たなる〈カルト〉と成る危険と隣り合わせなのだ。グラウベル・ローシャが、初期の『黒い神と白い悪魔』（一九六四年）の頃から一貫して見つめ、捉えてきたものとは、ブラジルの新たな希望や未来への期待などではない。むしろ狡猾にして凶暴でさえある、マイナーな者たちによる野蛮で危険な悪魔崇拝、カルト的な集団形成とその解体という一連の過程であった。本質的な危険や両義性を伴わない創造に、真に力強いものなどないことを繰り返し示してきたのは、まさにドゥルーズではなかったか。[2] 同じように、ほとんど無名に等しかったヒトラーによる「発話行為」、「仮構作用」、そして「集団的言表」の生産のうちに、何か新たなものの出現を、怪物的な自動人形への集団的な「生成」を認めないでいることは難しい。そして芸術家とその作品が、こうした意味での政治性、思考、生存様式、集団形成、つまりは権力の問題を免れているなどと考えるべき理由など、実際どこにもないのだ。――「なぜなら芸術や哲学によって呼びかけられるのは、純粋だとみずから主張するような人種などではなく、むしろ虐げられた、雑種で、下等で、アナーキーにしてノマドな、どうしようもなくマイナーな人種にほかならないからだ[3]」。

この、絶えず自覚された危険への注意を欠くなら、ドゥルーズの「来たるべき民」の概念は、その真の怪物性と本来ひとつであるはずの、その最も重要な核の部分を失ってしまうだろう。つまり、一種の理想像として実体化され、表象されてしまうや否や、その核心的な部分は完全に脱色されてしまう。したがって問題はやはり、物語る行為と不可分の、「生成」の質そのものにあるのでなければならない。だが何を、どう物語ればいいのか。どのような「言葉（パロール）」を生み出せばよいのか。いや、むしろそれ以前に、新たな「生成」を、「ひとつの民」を、私たち自身のうちに生じさせる「言葉」は、一体どこから到来するのだろうか。ドゥルーズは述べていた。――「限界は言語活動の外にあるのではない。それは言語活動によって生じる外なのだ。

すなわち限界は、様々な非言語的な視覚と聴覚から成るのだが、それを可能にしているのはただ言語活動だけなのである」と。[4]つまり「限界」とは「外」であり、この「外」とは「様々な非言語的な視覚と聴覚から成る」世界、この大地そのものにほかならないとも言える。しかし一方で私たちの「言語活動」は、あまりにも多くの歴史的な意味や文化史的な含意、あるいは紋切り型（クリシエ）の表現の数々によって縛られており、「外」を生じさせるどころか、反対に非言語の領域にあるものを排除し、均一化された体系性のうちに閉じようとしているようにすら見える。

だからこそ「言語活動」を通して言語を解体し、改めて言語活動の〈限界＝外〉を表出させなければならない。これが映画に先行する、あるいは映画史と並行する十九世紀から二十世紀にかけての、特に西洋における尖鋭な作家や詩人たちが共通して抱いていた、本質的な理念のひとつではなかったかと思われる。古井由吉は、彼らを「言葉の意味の解体する瀬戸際まで、さらにその境を踰（こ）えかかるまで、表現を追い込んだ、尖鋭な詩人たち」と呼んで、次のように書いている。――「この試みの涯（はて）に現われるのは、言葉の意味の光の射さぬ混沌（カオス）なのだろう。表現者の発する言葉も意味を失って、音声だけになり、やがてはいまにも消えんばかりのかすかな気韻だけになり、そしておそらく、みずからほとんど混沌にひとしくなるその極致から、意味の始まりであるところの、「はじめの言葉」を待つ」[5]。

「尖鋭な詩人たち」がかつて行った「この試み」を、果たして現在の私たちは、一時代の出来事でしかないものとして、回顧することができるのだろうか。言語活動とその「外」をめぐる、言わば究極のこの問いは、むしろいよいよ重いものとして、私たちの前に現れてきているのではないか。なぜなら「先の尖鋭な詩人たちの、非言語の境での「待機」は、日常一般の言語生活の内部にもひそむと考えられる」からだ。[6] どうして、そうでないことがあろうか。言語は、詩人たちだけの占有物ではないのだから。

だが、この「非言語の境での「待機」」は、おそらく「混沌（カオス）」への無限接近だけを指すのではない。それは、大地の張りつめた静まりに対する予感のようなものと、その全きヴィジョンを含んでいるのではないだろうか。つまり「はじめの言葉」への「待機」のうちには、「様々な非言語的な視覚と聴覚」が含まれていると考えられる。また、そうだとすると「映画」は、その固有の形式において、先の詩人たちの「試み」を取り上げなおすことになったと言えるのではないか。映画は、それが纏った様々な物語の意匠を剝いでみるとするなら、それ自体が「非言語の境での「待機」」だと言えるかもしれない。ドゥルーズは、『シネマ1』第四章において、まさにそのような試みのひとつとして、つまり「非言語の境」への遡行として、サミュエル・ベケットの『フィルム』を見ていたようなのだ。そしてさらに、続く『シネマ2』のなかでドゥルーズが、ロッセリーニ、ゴダール、そしてストローブを引いて、映画的な「教育法」の重要性について指摘した時、それはまさに言語と「非言語の境」――言葉とイマージュの折り目――について言われていたのである。[7]

だからこそ、どうしてもここで改めて、ベケットの『フィルム』について、ドゥルーズが

『シネマ1』第四章で論じていたことに触れておく必要がある。ドゥルーズによれば、ベケットの映画の狙いは、「光り輝く内在平面、物質平面とイマージュ－運動の宇宙的ざわめきへと向かって」遡行することであり、[8]そこに見出されるであろう「母体、すなわち、それ自体において在るものとしてのイマージュ－運動」に到達することである。[9]しかもこの、あらゆるイマージュの「母体」を成す宇宙的平面、ドゥルーズが『シネマ1』で、ベルクソンの『物質と記憶』第一章を踏まえて「〈イマージュ＝運動（IMAGE＝MOUVEMENT）〉」と呼んだものと、[10]彼が『シネマ2』第五章で、ウェルズを論じながら語った「普遍的生成としての、広大にして恐るべき第一質料としての時間」とは、[11]厳密に一致するのでなければならないはずである。そしてそれは、最大の注意を要する点だろう。なぜなら両者の一致は、「イマージュ－運動」と「イマージュ－時間」の究極的な同一性を意味することになるからだが、このことは、すでに幾人かの卓越した論者が、「内在平面」としての「〈イマージュ＝運動〉」を論じた『シネマ1』第四章を、理論的に最も重視することによって示唆していた。[12]

ただしこの事実は、『シネマ2』において中心的に展開される、「偽の力」や「仮構作用」による、言語的実践の価値を切り下げることにはまったくならない。なぜなら、まず戦前のジガ・ヴェルトフが、そしてとりわけ戦後のベケットが試みた映画の「唯物論的プログラム」は、[13]端的に繰り返すことが不可能だと考えられるからだ。それはなぜか。周知のように映画は、一九二〇年代末頃を境に「音声」を獲得し、サイレントからトーキーへと歴史的移行を遂げていった。言い換えるなら、それ以後の映画作家は、原則的にこの「音声」という新たな技術的与件から、逃れることも、目を背けることもできなくなっていったのである。そこで改めて注目すべきなのは、ベケットの『フィルム』が、ヌーヴェル・ヴァーグと同時代の一九六五年に公開されたということ、そしてこの作品が、舞台設定としてあえて、トーキーへの移行期と重なる一九二九年頃を指定し、なおかつサイレント期の偉大な俳優、バスター・キートンに主演させているという事実だ。これらは決定的な点であると思われる。なぜなら、映画はサイレント期にすでに絶対的な頂点（「〈イマージュ＝運動〉」）に達していたということを、ベケットのフィルムは、文字どおり提示し、注釈し、改めてその絶対性を確認し直しているだけだとも言えるからである。それも、映画において「言葉」と「音声」が、ほとんど当然なものとなっていた戦後に。

『フィルム』は、まさしく映画（フィルム）についての映画であり、完全にして、もはやそれ以外の可能性を持たないし与えもしない、「メタシネマ」への、「〈イマージュ＝運動〉」への、〈光〉としての「内在平面」への遡行の試みだと言える。しかし繰り返すが、ベケットはこの試みのために、どうしても、虚構的にサイレント期を指定しなければならなかった。「音声」は注意深く映画（フィルム）から排除される必要があった。なぜなら、当時「音声」はまだ存在しなかったからだけではなく、「音声」の系列が映画に加わるということは、単に技術の問題を超えて、ある点で映画そのものの変質を伴うことを意味すると考えられるからでもある。言い換えるなら、「聴覚」を獲得した映画においては、問題はまったく別様に、改めて立て直されねばならなくなるということだ。

つまり以上の事実は、戦後の「現代映画」が、いくつかの例外を除いて、サイレント時代とは別の仕方で、非言語的な地平へと到達しなければならないことの不可避性を示している。今や〈言語＝音声〉の系列と、視覚的イマージュの関係こそが、厳密に問われ、探求されなければならない。なぜならそれは、「来たるべき民」の問題系へと直結しているからである。

「言語」をめぐる問題がこうして再び、戦後の「現代映画」において最も重要なものとなって出現してくる。ドゥルーズが『シネマ2』第二章で、「映画と言語の関係」を「最も重要な問題」だと述べていたのもそのためにほかならない。[14] とはいえ、『シネマ2』が駆動する「偽の力」や「仮構作用」も、「非言語の境」と呼ばれる「外」に直接触れるものでなければ、あるいはそこからついに到来する「はじめの言葉」に関わるのでなければ、おそらくたいした力は持ち得ないだろう。またそうだとすれば、この「非言語の境」から到来する「はじめの言葉」こそ、「来たるべき民」に深く通じるものだと言えるのではないか。

この点においても、ロッセリーニはやはり「現代映画」の偉大な創始者のひとりであると言える。大戦によって難民となり、イタリアの孤島に渡った異国の女性を主人公にした作品について、ドゥルーズは書いている。――「こうしてロッセリーニにおける『ストロンボリ』の島は、周辺部、漁場、嵐、噴火という風に、次第に深さを増していく描写を経ることになる。と同時に異国の女は、島の高いほう高いほうへと登っていき、一連の描写は深みへと沈み込み、精神はあまりにも強い緊張のもとで砕かれてしまう。噴火した火山の斜面から、村がはるか下方に、真っ黒な海流のうえに輝いて見えるその時、精神は呟く。「終わりだわ、怖い、なんという神秘なの、なんて美しいの、神様……」[15]。

ヒロインは、噴煙を上げ、土砂を舞い散らす、自然の圧倒的な力を目の当たりにして、驚愕と感嘆の境から、「はじめの言葉」を切れ切れに呟いているかのようだ。つまりそれは『ストロンボリ』の最後のシーンであると同時に、純粋に視覚的で音声的な「現代映画」の開始を告げるものともなっているのである。

二　イマージュと言葉

『シネマ2』の「結論」に先立つ第九章でドゥルーズは、これまでの議論を振り返りながら、改めて「現代映画と共に、自由間接的スタイルとでも呼ぶことのできるような非常に特殊な声の使用法」が出現したことを指摘している。[16] だがそれは単なる復習ではない。今度は〈言葉〉と〈イマージュ〉の関係に焦点を当て、両者の連関を正確に描写するためである。ドゥルーズにおいて極めて重要な「出来事」の概念が問題化されることになるのも、その考察を通してである。現代映画は、それまでのトーキー映画には厳密なかたちでは存在しなかったような、「声」の新たな使用法を創り出した。それが「自由間接的スタイル」と呼ばれるものである。そして――「もし現代映画が、感覚‐運動図式の崩壊を含んでいるのが本当なら、発話行為〔語る行為〕はもはや、アクションとリアクションの連鎖のなかに組み込まれることはないし、またそれ以上に、相互作用の筋立てを明示してみせることもない。それは言わば、みずからのうちに畳み込まれるのだ。発話行為はもはや、視覚的イマージュに従属するものでも付属するものでもない。それは視覚的イマージュとまったく対等の、音声的イマージュと成り、映画的な自律性を獲得するのである。こうして映画は、真に視‐聴覚的なものと成る」[17]。

以上の一節を読むと明らかなように、『シネマ』には、古典映画から現代映画へと発展していくある種の〈進化論〉の立場が認められる。そしてこのことは、やはり重要である。なぜならドゥルーズ哲学において、全般に進化論は批判され、退けられるべきものと思われがちだが、必ずしもそうではないからだ。退けられるのは、自然淘汰を原則とする単線的な進化論の立場に過ぎない。一方、ドゥルーズ、およびベルクソン的進化論においては、「現在」はあらゆる「過去」を、みずからのうちに同時的に共存させていると考えられている。そしてそこから、それまでに経てきた諸段階、諸水準が、「現在」において非時系列的に併存するという、新たなタイプの進化論的ヴィジョンが出てくるのである。

このようなヴィジョンに基づいて、「古典映画」と「現代映画」の関係は理解される必要がある。さて、映画が獲得した特徴のひとつとして、「視覚的イマージュ」と対等になった「発話行為」の新たな形態が挙げられていたが、それはたとえば、「シネマ‐ヴェリテ」や「ダイレクト・シネマ」、または「体験の映画」と呼ばれるもののなかに認められる。それらの映画に共通するのは、言葉を「アクションとリアクションの連鎖」や、視覚的イマージュとの「相互作用」から解き放ち、物語の偽装を通じて、〈声〉の新たな使用法を導入してみせたところにある。それゆえ、もしその地点から振り返ってみるなら、初期の「ネオレアリズモ」の諸作品は依然として、古典映画の図式を多くの点で踏襲していたとも言える。では「発話行為」が、そうした古い図式から解放され、「みずからのうちに畳み込まれる」とは、どういう状態を指すのだろうか。それは、言葉が人物の内面を独白するモノローグになるという意味ではない。ドゥルーズによればそれは、「発話行為」が「もはや、視覚的イマージュに従属するものでも付属するものでも」なくなり、「視覚的イマージュとまったく対等の、音声的イマージュと成り、映画的な自律性を獲得する」という事態を指す。だがこれは逆から言えば、「発話行為」が「視覚的イマージュ」に従属している限り、映画は「真に視-聴覚的なもの」にはならないということでもあるだろう。したがって、映画における「視覚的イマージュ」からの「音声的イマージュ」の解放は、確かにひとつの創造であり、進化であったと言えるのである。

「発話行為の新たな形態のあらゆる単位」が作り出されるためには、この創造を経なければならない[18]。ただしその「新たな形態」の、唯ひとつの例を挙げることは原理的に不可能である。なぜならそれは、たとえばウェルズ、レネ、ロブ=グリエ、ゴダールあるいはアントニオーニにおいて、それぞれ非常に異なっており、しかも異なっていることがまさに、「自由間接的スタイル」の本質だからである。――「折り畳まれ、掘り下げられた発話行為においては、声はもはや、それ自身とその他の声にしか差し向けられることはないのだが、感覚-運動的なつながりの断絶は、単にそのような発話行為に影響を及ぼすだけではない。それはまた、現代映画の特徴をなす、諸々の任意の空間、空虚な、もしくは分断された空間を明示するようになった、視覚的イマージュにも影響を及ぼすことになるのである[19]」。

「発話行為」は、視覚的イマージュとの「感覚−運動的なつながり」を断たれ、解放されたことで、「映画的な自律性」を得ると言われていた。だが、映画における「言葉（パロール）」のこうした位置の変化は、当然「視覚的イマージュ」にも、様々な変化をもたらさずにはおかない。ネオレアリズモによって、戦争で破壊された都市空間や、郊外の空虚な風景が示されて以来、「諸々の任意の空間」や「分断された空間」は、すでに「現代映画の特徴」のひとつとなっていたが、そこにさらに、新たな諸特徴が加わることになる。――「あたかもそれは、言葉が創設的な行為と成るべくイマージュから引き離されたことで、イマージュのほうは、空間の諸基盤、諸「基層」を、つまり言葉以前あるいは以後の、人間以前あるいは以後の、それら無言の力を、地表まで迫り上げることになったかのようなのだ。視覚的イマージュは考古学的で、層位学的で、構造地質学的なものと成る[20]」。

「現代映画」は、一見しただけではその共通点を捉え難い、多様な、もしくは雑多な外観をとって現れてくるのだが、それらに対してドゥルーズの提起する概念は、一種の磁場のような凝集力を、また包括力を示していく。すなわち、「言葉」は「イマージュから引き離され」、はじめて「創設的な行為と成る」。そしてそれと同時に「空間の諸基盤、諸「基層」」は、「言葉」との新たな関係性のなかに入っていき、「視覚的イマージュは考古学的で、層位学的で、構造地質学的なものと成る」というのである。その最も見事な典型を、ドゥルーズは、ジャン＝マリー・ストローブとダニエル・ユイレの作品のうちに見出している。それを見てみよう。

まずストローブらの作品の大きな特徴のひとつとして、無人の風景のショットが、ナレーションや音楽を一切伴うことなく、異様に長いあいだ映し出されるという点が挙げられる。だがそれはまだ外的特徴に過ぎない。ドゥルーズによれば――「さらに本質的なのは、ストローブによる、空虚で、空白の層位学的風景において、カメラの運動（とりわけパン撮影が行われる時）が、過ぎ去ったものについての抽象的な曲線を描くところにある。そしてそこでは、大地は埋蔵されているものによって価値を持つことになるのだ[21]」。

ストローブの作品に顕著な「カメラの運動」には、「パン撮影」のほかにも、非常にゆっくりとした螺旋運動があるのだが、その運動は、あたかも地球の自転に呼応するかのような、独特の軌道を描いていく。おそらくそれが、「過ぎ去ったものについての抽象的な曲線を描く」とドゥルーズが言うことの意味だろう。だがここで重要なのは、そのカメラの描く曲線が、「過ぎ去ったもの」つまり「大地」の下に埋蔵されているものに対する、一種の幻視的な機能に達していくという点にある。――「すなわち、抵抗する反乱軍が武器を隠した『オトン』の洞窟、『フォルティーニ／シナイの犬たち』における、民間人が虐殺されたイタリアの田園と大理石の石切り場、犠牲となった者たちの血で肥沃になった『雲から抵抗へ』のなかの麦畑（あるいは牧草地とアカシアのショット）、『早すぎる、遅すぎる』のフランスの田園とエジプトの田園などである[22]」。

「大地」は、ちょうど「地層」のなかに過去が物理的に保存されるように、数々の過去の出来事、闘争、流された血を、不可視なものとしてみずからの内に含んでいる。だからこそそれは、もはや行動の舞台ではなく、「層位学的風景」と呼ばれなければならないのである。またそれゆえに、しばしば「空虚な」と形容される、現代映画に顕著な無人の風景には、本当は何ひとつ欠けたところはない。ドゥルーズは次のように言う。――「「空虚な」や「分断された」などは、最良の言葉ではない。誰もいない（もしくはそのなかで人物たちが空虚を証言してみせる）空虚な空間は、何ものも欠けたところのない充実性を持っている。分断され、連鎖を断たれた空間の諸断片は、それが含んでいる間のうえで為される、特殊な再連鎖の対象なのである。つまりつながりの不在は、無限の仕方で行われ得る、再接合の見かけでしかない。この意味において、考古学的、ないし層位学的イマージュは、見られると同時に読まれることになるのだ[23]」。

「イマージュ」が見られるだけでなく、「読まれ」なければならないものとなるという変化は、ドゥルーズが『シネマ2』を通して繰り返し指摘する重要な点である。だが「イマージュ」は、さらに「考古学的」で「層位学的」なものとなる時、はじめて不可視の過去の出来事を示唆するようになるのだ。したがって「分断され、連鎖を断たれた空間の諸断片」は、そのままではまだ何ものでもない。それらは、新たに為される「再連鎖の対象」となり、「再接合」されることによって、はじめて新しい力や価値を獲得することになるのである。

ネオレアリズモ以来「現代映画」は、戦争の爪痕を残した都市や、郊外の建設途上の風景など、空虚で、分断された空間を、繰り返し映し出してきた。戦後西ドイツに亡命し、そこで映画を撮りはじめたフランス人のストローブとユイレが、彼の地で目にしたのも、やはりそうした光景であっただろう。そして彼らに後続する、「ニュー・ジャーマン・シネマ」の作家たちが見つめていたのも、歴史的にも文化的にも分断された、再建途上の都市や郊外の風景であり、「空虚な」空間だった。ヴェンダースが示していたように、ドイツ人はさまよい、彷徨することから再び始めねばならなかった。つまりそれは、「私とは、ひとりの他者である」という状態から出発し、自国の置かれた現在の複雑な状況、また重苦しい歴史と過去をおのれの内と外に感じながら、新たなアイデンティティの条件を見出し、それを再創建していくためでもあっただろう。

人物たちが置かれた状況、彼らが目にしていた光景は、もはや習慣化された行動のための場所ではない。それは、剥き出しになった「地層」の表面のように、みずからのうちに「過去」

を折り畳んで現存させる、「層位学的イマージュ」そのものであった。だがそうなると、イマージュが、単に「見られる」ものであるだけでなく、「読まれる」ものにもなるというのは、ほとんど必然的な帰結ではなかっただろうか。なぜなら、ストローブらが映し出す美しいイタリアの田園風景を、「犠牲となった者たちの血で肥沃になった」土地として私たちに告げ、見させるのは、自律的なものとなった「言葉（パロール）」以外にありはしないからだ。すなわち聴取される言葉は、「視覚的イマージュから独立したものと成り、視覚的イマージュのほうは、事物の新たな可読性に達して、考古学的カットに、あるいはむしろ読まれるべき層位学的断面に成るのである」[24]。

映画が提示する「空間の諸断片」は、もはや物語の有機的な連鎖に奉仕することはなくなり、自律した「考古学的カット」または「層位学的断面」と成った。それによって「テクストがなくとも「風景は、闘争が刻まれた場所として、空（から）になった戦闘の舞台として、読まれるべくして与えられる」。これが「可読的」であることの新たな意味であり、それは発話行為がそれ自身、自律的で音声的なイマージュに成るのと同時に、視覚的イマージュにおいて現れるのだ[25]」。「言葉（パロール）」および「発話行為」は、「自律的」となるのであって、いかなる意味でも「視覚的イマージュ」に対する優位を得るのではない。この意味で、構造主義的な言語学が想定していたような、イマージュに対する言語（シニフィアン）の優位性は、古典映画のほうにこそ当てはまるだろう。なぜなら「語り（ナラシオン）」はそこで、「視覚的イマージュ」の意味を絶えず確定し、限定し、方向づけることによって、映画全体をひとつの物語として構造化していたと言えるからだ。「現代映画」において、とりわけストローブとユイレの映画において生じるのは、それとはまったく異なる事態である。音声、語り、発話行為、あるいは文字は、古典映画におけるような、視覚的イマージュとの有機的つながりも、すべてを知るナレーターの声のような全能性も失っている。その代わりにそれらは、「視覚的イマージュ」との相互作用からも従属からも解放され、完全な自律性を獲得するのだ。人物たちは、彼らが身を置いている大地や風景に対し、いかなる優越性も支配権も持っていない。しかしむしろだからこそ彼らは、その風景のなかの、言葉にしがたいものを見つめようとし、「発話行為」を通じてそれを喚起しようとするのである。このようにして「発話行為」は自律性を獲得し、「視覚的イマージュ」は、「地質学的、構造地質学的な力に依拠した新たな性格を得るのである[26]」。

「視覚的イマージュ」に対し、「発話行為」が自律的なものになるとは、〈見ること〉と〈語ること〉が分離され、互いの自律性が維持されるということである。だが両者が切り離されたまま、相互の関係性を完全に断たれるなら、映画はすべての力を失ってしまうだろう。ドゥルーズは、「発話行為」と「視覚的イマージュ」の分離と再結合からなる、「現代映画」の新たな特徴について繰り返し指摘する。しかし重要なのは、新たな統一や全体の調和を目指すことにあるのではない。〈見ること〉と〈語ること〉を分離し、脱連鎖させ、さらに両者の自律性を保ったまま再連結することによって、それまでになかった新たな関係性を創出することこそが問題なのである。

　ストローブとユイレの映画は、カメラの旋回運動を通じて、大気を、光を、森を、大地を、河を、そして都市を、高速道路を、工業地帯を捉えながら、それらの下に不可視のまま横たわる地層へと、沈黙した出来事へと達していく。この意味においてこそ、視覚的イマージュの「構造地質学的な力」は語られねばならない。ドゥルーズは以上を包括して次のように書く。

――「現代映画において、視覚的イマージュはある新たな美学を手に入れる。それは、サイレント映画のなかには通常存在しなかった力を得たことで、可読的なものと成る。その一方で発話行為は、トーキーの最初の段階には存在しなかった力を得て、他所へと移される。中空に発せられる言葉（パロール）という行為は、出来事を創造する。がしかし常にそれを、視覚的で、構造地質学的な諸々の層のうえに、斜めに据えるのである。すなわちそれらは、互いに通過し合う二つの軌道なのだ。発話行為は出来事を創造するが、出来事のない空虚な空間のなかに創造する。現代映画を定義するものとは、「言葉（パロール）とイマージュの往復運動」であり、それが、それらの新たな関係性を作り出すのである」[27]。

　この一節において、「出来事」の概念が、「言葉」と「イマージュ」の関係から提起された。だがまずは「現代映画を定義するもの」としての「言葉とイマージュの往復運動」、および「それらの新たな関係性」が達するに至った地平と、哲学との結節点について見ておこう。すなわちそれは――「発話行為の新たなタイプと、空間の新たな構造化。ほとんど、ミシェル・

フーコーの言う意味におけるような「考古学的」構想である」[28]。興味深いのは、ドゥルーズが『言葉と物』(一九六六年)や『知の考古学』(一九六九年)などのフーコーの著作と、ストローブやゴダールの映画作品とのあいだに、同時代性を見て取っている点である。あたかも彼らは、同じヴィジョンから出発しながら、一方は「言葉」と「物」に跨がる言説空間を掘り起こす「考古学」へと向かい、他方は映画という現代の視-聴覚メディアを通じて、同種の問題に遭遇していたかのようなのだ。それゆえそこには、哲学と映画の偶然の一致ではなく、潜在する過去、考古学的地層に向けられた、同じ直観、同種のヴィジョンがあると考えられる。

このことはドゥルーズが、直接交渉のない異なる諸分野で同時期になされた創造的な思考のうちに、潜在的な、しかし必然的とも言える関連性があると考えていたことを示している。フーコーが人文科学にもたらした変革と、ストローブとユイレをはじめとする「現代映画」との関係だけがそうなのではない。ほかにも、二十世紀後半の脳科学が提起した諸見解と、アラン・レネが映画を通じて行った「記憶」についての独自の探求とは、深い地点で互いに触れ合うとドゥルーズは見ていたのである[29]。

四　抵抗——出来事を創造すること

フーコーの「考古学」的構想に話を戻すなら、彼は「言葉」と「物」、あるいは「発話行為」と「イマージュ」を決定的に分離し、脱連鎖させ、新たな言表可能性と可視性を創り出してみせた。これとまったく同種のことが、「現代映画」でも生じている。すなわち——「視覚的なものと音声的なものは、互いに異質な自律性を持った二つのイマージュを生じさせる。ひとつは聴覚的イマージュであり、もうひとつは視覚的イマージュだが、それら二つのあいだの非合理的切断によって、両者は恒常的に隔てられ、乖離させられ、または離脱させられるのである」[30]。

問題となるのは、あくまで「視覚的なもの」と「音声的なもの」の関係なのだが、それらは「古典映画」におけるような、合理的なつなぎによって連結されるのではなく、反対に「非合理的切断」によって分離されなければならない。しかしそれらは、互いに乖離したままではなく、「新たな交錯、特殊な再連結」の対象とならねばならない[31]。だがなぜ「非合理的切断」は用いられるのか。またそれは、結局どのような問題に通じているのだろうか。それは、まずは日々大量生産される映画やテレビが提供する、「紋切り型（クリシェ）」から逃れるためである。確かにこれは、まだ消極的な理由でしかない。しかしひとつの全体主義、また商業主義から離れるためには、使い古され、形式化されたモデルから、現代の映画作家は、結果的に難解になろうとも、どうにかして逃れなければならない。しかし今度はそこから、積極的な意味での「現代映画」の可能性を捉えることもできるだろう。すなわちそれは、視覚的なものと音声的なものの「非合理的切断」を通じて「発話行為」に自律性を与え、映画そのものを新たな「集団的言表」の生産の場として構成すること。そして資本主義の専制的モデルに抵抗するべく、「欠けている民」に、「来たるべき民」に全力で呼びかけるということである。まさしくここに、ドゥルーズの考える「現代映画」の使命があり、またそこから、「発話行為」の新たな重要性も生じてくるのだ。そしてそれが、現代映画と「マイナー文学」を改めて結びつけることになる。

ドゥルーズは述べている。——「そしておそらくストローブにおけるカフカとの出会いを説明するのは、カフカもまた同じように、すでに決定された判決、あらかじめ定められた法、そして支配的なテクストの抵抗を打ち破るために、私たちは発話行為しか持たないと考えていたところにある。だが、そうであるにしても、『モーゼとアロン』や『アメリカ（階級関係）』について、発話行為は発話行為に抵抗するものから、おのれを奪い取らねばならないと述べるだけでは、もはや十分ではない。発話行為そのものが抵抗するのであり、**それこそが抵抗行為だから**である。発話行為に抵抗するものから発話行為を引き出すには、発話行為を脅かすものに対する抵抗に、発話行為自体が成らなくてはいけない」[32]。

今や「発話行為」は、それ自体が「抵抗行為」となる。ただしそれは、画一化された抗議行動などではない。なぜならそうした行動は、権力への一種の反作用、リアクションであって、ドゥルーズが「紋切り型（クリシェ）」と呼んで批判していたものに、依然として強く結びついたままだからだ。また、暴力による支配に暴力によって反抗することも、作用と反作用の対立図式に再び陥ることを意味する。カフカが鋭く見抜いていたように、「私たちは発話行為しか持たない」のであり、マイナーな者たちによる「発話行為」すなわち「抵抗行為」は、あらかじめ数々の〈不可能性〉によって貫かれているのである。

もう一度言うが、支配に抵抗するために「私たちは発話行為しか持たない」。しかも私たちが発する言葉には、常に何らかの「紋切り型（クリシェ）」に搦めとられてしまう危険が潜んでいる。ドゥルーズが、現代における「紋切り型（クリシェ）」の氾濫について繰り返し指摘していたことを、何度でも想起しなければならない。ならば「発話行為」が「紋切り型（クリシェ）」を免れ、それを掻い潜り、真に有効な「抵抗行為」と成るためには、具体的にどうすればいいのか。「偽の力」は、「仮構作用」に基づく物語行為は、それを可能にしてくれるのだろうか。しかしそれらも簡単に商業主義に搦めとられ、すぐに「支配的なテクスト」との妥協に、そして「紋切り型（クリシェ）」（メジャー性）そのものに堕してしまうかもしれない。ドゥルーズが、「マイノリティ」や「第三世界」の作家について論じながら、そこで実践される「仮構作用」に、ベルクソン自身は決して用いなかった「創造的」という語を添えて区別しようとしたのは、そのためでもあったはずだ[33]。

「仮構作用」が「創造的」なものになることと、「発話行為」が真の「抵抗行為」になることとは、ひとつにならねばならない。そして抵抗行為は、発せられる「言葉（パロール）」を通して、この大地に欠けている民へと呼びかける、ひとつの「出来事」を創り出さねばならない。しかし奇妙なことに「出来事」は、大地の下の「構造地質学的な諸々の層」のなかにすでに潜んでもいるという。ドゥルーズは次のように書いている。——「歴史は大地から切り離すことができない。階級間の闘争は大地の下にあり、もし出来事を捕えたいなら、それを指し示そうとしてはならず、出来事に沿って移行してもならない。そうではなく、そのなかに沈潜し、（多かれ少なかれ遠い、ひとつの過去だけでなく）出来事の内的な歴史が存する、地質学的なあらゆる層を経なければならないのである。私は騒々しい大きな出来事を信じない、そうニーチェは言っていた。出来事を捕えるとは、それを大地の沈黙した層に関係づけなおすことであり、その大地は真の連続性を構成し、またそれは、階級間の闘争のなかに出来事を刻み込むのだ[34]」。

　ドゥルーズの語る考古学的な地層は、文字通りの物理的な意味と、もうひとつ、明らかに別種の意味を含んでいる。先ほどドゥルーズが「ミシェル・フーコーの言う意味におけるような「考古学的」構想」について語っていたことを、改めて想起する必要がある。まず、フーコーの言う意味での「考古学」とは、本来「知」に関するものであり、それは純粋な「言説」の領域に属していると考えられる。つまりそれは、物理的な意味での「考古学的」、「地質学的」な地層を指すものではなかったはずである。ところがドゥルーズはそれを、一方では字義通りに受けとめ、しかも他方においてそれを、ベルクソンの「潜在的な過去の諸層」に結びつけることによって、二重化していると考えられるのだ。ドゥルーズによるフーコーの読解において、最も特異で、また最も興味深い点とはこれではないだろうか。すなわちフーコー的な「言葉」と「物」の「考古学」の中身は、地層として質料化され、同時に『物質と記憶』のあの倒立した円錐の諸断面そのものとして、理念化されるのである。[35] だからこそそれは、「出来事」そして「歴史」に関わるものの一切を同時に含むことになるのだ。

したがって「出来事を捕えるとは、それを大地の沈黙した層に関係づけなおすこと」だとドゥルーズが述べる時、その「大地の沈黙した層」とは、物理的な「地層」を指すだけでなく、「潜在的な過去の諸層」のことを同時に意味しているだろう。だとしたら、「真の連続性を構成」すると言われる「大地」とは、地球的・地質学的規模での「時間」の別名だと言えるのではないだろうか。「出来事」はそのなかに生じる、「層位学的」かつ理念的な断層や亀裂、折り目、襞、もしくは特異点などとして、「大地」および「時間」と一体をなしていると考えられる。ドゥルーズは先ほど、発話行為は、「出来事を創造する。がしかし常にそれを、視覚的で、構造地質学的な諸々の層のうえに、斜めに据える」と述べていた。この「斜めに」という独特の言い回しを、ドゥルーズは《de travers》そして別の箇所では《de biais》と、二度別の表現を用いて繰り返している。おそらくそれは、「出来事」の本質的な捕えがたさと（「出来事」は

〈存在〉ではない）、それが単に地層のなかに埋もれているだけでなく、「言葉」と「物」のあいだ、言わばその折り目に、絶えず生起するものであるという特徴とを、同時に示唆するためである。「私は騒々しい大きな出来事を信じない」というニーチェの言葉が意味するのも、たぶんそのことに関連している。すなわち「騒々しい大きな出来事」は、その下で生起している無数の小さな「出来事」を、その微細な折り目を、襞を、亀裂を、屈折点ないしは特異点を、覆い隠してしまうということではないだろうか。

――「つまり言葉（パロール）は出来事を創造し、立ち上がらせるということと、沈黙した出来事は大地によって覆われるということとを、同時に強調しなければならない。出来事とは常に、発話行為が奪い取るものと大地が埋蔵するものとのあいだで為される抵抗なのである。それは、空と大地のあいだ、外光と地下に眠る火のあいだの循環であり、また何よりも音声的なものと視覚的なもののあいだの循環なのである。それは決して、ひとつの全体を再形成したりはしないが、その度ごとに、それら二つのイマージュを分離しながら、同時に新たなタイプの関係を構成する。そしてそれは、非常に厳密な非共約的な関係なのであって、関係の不在などではないのだ[36]」。

「発話行為」と「視覚的イマージュ」、あるいは「音声的なもの」と「視覚的なもの」のあいだには、いかなる上下関係もヒエラルキーもない。しかも「出来事」は、それらいずれにも属しておらず、だからそれは、両者の「循環」だと言われるのである。ただし「循環」と言っても「それは決して、ひとつの全体を再形成したりはしない」。なぜなら「出来事」とは、「その度ごとに、それら二つのイマージュを分離しながら、同時に新たなタイプの関係を構成する」ことそれ自体だと言ってもいいからだ。哲学において「概念」の創造が、そのままひとつの「出来事」と同義語になり得るのは、まさにそのためにほかならない。この意味において「出来事」とは、視覚と聴覚、イマージュと言葉の新たな動的編成のことであり、また両者の新たな関係性の構築であると言えるだろう。

では「現代映画」が到達した新たな視 - 聴覚性についての、ドゥルーズによる要約を見ておこう。――「視 - 聴覚的イマージュを構成するものとは、それぞれが互いに異質な自律性を持った、視覚的なものと音声的なものの分離であり、乖離作用である。がしかし同時にそれは、非共約的、あるいは「非合理的」な関係なのであり、それはひとつの全体を形成することも、いかなる全体をめざすこともなく、一方を他方へと結びつけるのである[37]」。

「視覚的なもの」と「音声的なもの」の分離は、〈見ること〉と〈語ること／聞くこと〉を乖離させることでもあるが、それは両者の「関係の不在」や関係の恣意を宣言することではない。そうではなく、両者の分離と再結合を通して、作家は「純粋な発話行為」を抽出しなければならず、〈見ること〉と〈語ること／聞くこと〉のあいだに「非共約的」な、「非合理的」な新たな関係を創り出さなければならないのだ。もちろんそれは、ストローブとユイレによる考古学的イマージュだけに限った話ではない。たとえばマルグリット・デュラスにおいて「視覚的イマージュ」は、あるまったく別種の力を獲得する。つまりそれは、地層化されざる海洋の力を獲得するのであり、同時に「音声的イマージュ」は狂人の叫びを解放することになるのだ(『インディア・ソング』)。視覚的イマージュの二つの極みとしての「大地」と「海」。ここには確かに、映画が到達した極限的な表現の具体例が認められる。しかし映画作家たちが創り出し、新たに切り開いてみせた視‐聴覚的な地平を、一部の作品のうちに押しとどめておくことなどできない。「現代映画」が達成した表現は、私たちに新たな可視性と、新たな言表可能性を与えることになるからだ。

――「これ以降、二つの能力のうちのいずれも、次のことを抜きにしては、より高次の実践にまで達することはない。すなわち、その一方を他方から分離しながらも、分離したままでそれを他方へと関連づける限界にまで到達するということ。言葉が表すものとは、視覚が透視力に拠るよりほか捉えることのない、まさに不可視のものである。また視覚が捉えるものとは、言葉が決してうまく言い表すことのできない、当のものなのである」[38]。

「二つの能力」、つまり「言葉」を発しそして聴く能力と、「視覚」という見る能力が、それぞれ純粋に行使されるためには、両者は「分離」されなければならない。それはひとえに、両者の「感覚‐運動的」な癒着を断ち、「紋切り型(クリシェ)」から逃れ、それぞれが互いに異質なものとしての真の「自律性」を得るためである。しかしもちろん両者は、分離されたままではいかなる力も持たない。だからこそドゥルーズは、「一方を他方から分離しながらも、分離したままでそれを他方へと関連づける限界にまで到達」しなければ、「より高次の実践にまで達することはない」と注意するのだ。「限界」とは「外」であり、同時にいかなる恣意も入り込む余地のない、視覚と聴覚（音声）の新たな結合の〈必然性〉を、その都度創り出すことを意味するだろう。

「視覚的イマージュ」と「音声的イマージュ」の差異や非対応を強調してみせるだけでは意味がない。難しいのは常に、両者を分離し、それぞれの異質性と自律性を保持したまま、それらの共通の「限界」において、新たな〈再結合〉を生み出すことである。「現代映画」の、困難な、だが実りある使命と可能性が、この点にあることをドゥルーズは語っているのである。

第八章　精神の自動人形のゆくえ

一　映画の自動運動

映画が誕生し、その表現が最初の頂点に達したのは、およそ一九二〇年代頃だと考えられるが、その時代の映画作家たちは、映画の本性をどのように捉えていたのだろうか。それについてドゥルーズは、以下のような要約をしている。――「初期の人たちは、次のような単純な観念から出発して映画について考え、制作を行った。すなわち産業芸術としての映画は、自己運動を得て、自動運動を達成し、運動をイマージュにおける直接与件にしたということ。そのような運動はもはや、それを行う対象ないし運動体にも、それを再構成する精神にも依存していない。それはそれ自体において、それ自体が動くイマージュなのである」[1]。

つまり映画は、みずからの本性である機械的原理によって、精神にも対象にも依拠することなく、「それ自体において、それ自体が動くイマージュ」として観客の前に現れることになった。これは確かに「単純な観念」であるが、むしろ単純なだけに、強力に映画の本質を摑んでいたとも考えられる。過去の人類史に類例を見ない、「自動運動」を行う「イマージュ」の出現は、では一体どのような意義を持ち、それを観る者にどのような作用を及ぼすことになると考えられたのだろうか。ドゥルーズは、次の点を強調して言う。――「ただ運動が自動的なものとなった時にだけ、イマージュにおける芸術的な本質が実現される。すなわち思考に対する衝撃を生み出すこと、大脳皮質に振動を伝え、神経と脳の組織にじかに触れること。というのも映画のイマージュは、それ自体が運動を「行う」ので、その他の芸術が要求する（あるいは言う）にとどまっていることを、実行してみせるからだ。それは他の諸芸術における本質的なものを集約し、受け継ぐことによって、他のイマージュの役を担い、可能性でしかなかったものを力に変換する。自動的なものとなった運動は、私たちのうちに精神の自動人形（*un automate spirituel*）を呼び覚まし、今度はそれが前者へと逆に作用することになるのだ」[2]。

ドゥルーズによれば、初期の映画の壮大な理念および構想とは、要約してみるなら実にこのようなものであった。つまり映画は、観客の「思考」へとダイレクトに「衝撃（ショック）」を生み出す革命的な芸術であり、それは、過去のあらゆる芸術がなし得なかったことを総合する、ほとんど究極的な芸術であると言うのだ。このような評価が、今では過剰なまでの理想的言辞にしか思えないとするなら、それは私たちがその後の歴史を知り、あまりにも多くの失望と疑念を経てきたからだろう。しかし映画は、そのような理念を「初期の人たち」に抱かせたという事実がある以上、それだけの「力」を実際に持っていたとも言える。「産業芸術」としての、また「大衆芸術」としての映画は、現にそれ以前の芸術にはなかった様々な効果を、人間に対して作り出してみせた。その核にあるものを、おそらくドゥルーズはここで、「精神の自動人形」

ないし「自動装置」と呼んでいるのである。つまり映画の視覚体験には、演劇鑑賞とも、絵画鑑賞とも本質的に異なる何かが含まれており、たぶんそれが、映画の「自動運動」によって呼び覚まされる、私たちのうちに眠る「精神の自動人形」と呼ばれるものなのだ。

ドゥルーズが『シネマ2』第七章で突如提起した、この「精神の自動人形」という形象は、第十章「結論」でもう一度登場する。だが肝心な点でそれは、最後までほとんど謎めいている。確かにドゥルーズは、その出自をスピノザに帰してはいる。しかし「精神の自動人形」は、ほとんど映画という機械装置、つまりは「自動運動」の芸術の誕生と共に生まれた新たな形象であったようにも見える。またそれは、後で見るドイツ表現主義の映画におけるような、伝統的な演劇とは大きく異なるタイプの人物の出現を示しており、その点では、マリオネットなどの人形劇の系譜に属するという見方もできるだろう。つまり「自動人形」または「自動装置」とは、その〈自動性〉という観点において、人間的な意志を持たない、あるいは意志を剝奪された者のことを指すと考えられるのだ。

「精神の自動人形」という言葉はしかし、どうしても大戦期の整然とした軍隊の行進、あるいは洗脳され、盲目となった大衆の姿を想起させずにはおかない。総動員の時代、映画に映し出された兵士や党員たち、そして大衆の姿は、個々の意志を欠いた精密な自動人形の観を呈している。だがそれ以上にヒトラーこそ、他の誰よりも自動人形めいた動きや仕草を、見る者に感じさせずにはおかないのではないだろうか。ヒトラーは、あたかも映画という「自動運動」の芸術そのものが生み出した、まったく新たなタイプの人物‐俳優のひとりであったかのように見える。そして実物を見たことのない現代の私たちは、まさに映画に映し出された彼の姿を通じて、そのことを感じ取るのである。意志と行動によって戦争に勝利する。それが『意志の勝利』でナチスの掲げたスローガンであったとするなら、そのためには大衆は「自動人形」と化して、国家の、ヒトラーの意志を遂行しなければならない。ただしそのヒトラー自身がすでに、一種の自動人形であるかのようなのだ。

『シネマ2』第十章「結論」で、ドゥルーズは最後に再びこの問題を取り上げ、次のように述べている。――「クラカウアーの本『カリガリからヒトラーへ』の意義は、表現主義の映画が、ドイツ人の心のなかのヒトラー的な自動人形の台頭を、どのように映し出していたかを、明示してみせたことにある。しかしそれはまだ外的な視点だったのに対して、ヴァルター・ベンヤミンの論文は、映画の内部へと身を置き、いかに自動運動の芸術（あるいは彼の曖昧な言い方によれば、複製芸術）が、それ自体、大衆の自動機械化、国家の演出、「芸術」と成った政治と合致しなければならなかったかを示してみせた。すなわち、映画作家としてのヒトラー……。そして確かにナチズムは、最後の瞬間までハリウッドと競合していると信じていたのである。主体と成った大衆の芸術との、イマージュ‐運動の革命的な合併の企図は砕かれ、心理的な自動人形のごとく服従させられた大衆と、大いなる精神の自動人形としての彼らの指導者の登場をもたらした」[3]。

ドゥルーズの説に従うなら、いかにこの「精神の自動人形」が、深く「ヒトラー」のイマージュ、および自動機械化された「大衆」のイマージュに結びついていることか。しかもそれは、まさに映画の「自動運動」によって、言い換えるなら「イマージュ－運動」によって強力に呼び覚まされたのである。一種の必然性を孕んでいたかにも見えるこうした事態は、戦後ドイツの映画作家ジーバーベルクをして、「イマージュ－運動の帰結、それはレニ・リーフェンシュタールである」と言わしめることになった。だがもしドゥルーズが考えるように、映画そのものの本質をなす「イマージュ－運動」が、私たちの内なる「精神の自動人形」の目覚めと不可分であり、つまりはヒトラー＝ファシズム的なものの台頭を、映画という自動運動そのものが刻々と準備していたのだとするなら、一体どうすれば、それ以外の可能性を「映画」のうちに再び見出すことができるというのか。

　しかもドゥルーズは『シネマ2』のなかで、戦後の「現代映画」が直面することになる様々な〈不可能性〉を、繰り返し示してきたはずだ。もしそれを最終的に要約してみるとするなら、やはり次のようになるのではないか。すなわちどうすれば人は、新たなファシズム（ハリウッド的全体主義、および超資本主義社会における新自由主義的な思考もそこに含まれる）に陥ることなく、何か新たなことを語り、行為し、集団を形成することができるのだろうか。この問いはしかし、『シネマ』の奥底で絶えず響いていたものではなかっただろうか。そしてこの問いは、ジョルジョ・アガンベンが、講演「ハイデガーとナチズム」のなかで指摘した、「ナチズムと私たちとの厄介な近さ」という難問として、現在まで残されている。アガンベンはそのなかでこう問いかけていた。――「この近さの意味はどのようなものか？　この接近から私たちは真に脱出したのか？　それとも私たちはいまだに、それと気づかぬままナチズムの周縁にとどまっているのだろうか[4]」。

二　精神の自動人形の二つの極み

だからこそ、ドゥルーズは続けて言う。――「ヒトラーに抗して、またハリウッドに抗して、表象された暴力に、ポルノグラフィに、商品市場に抗して……。しかし何によって対抗するのか。真の霊的機構を見出そうとするなら、それを新たな連合作用のうえに基礎づけ、ヒトラーがその位置を占めることになった、大いなる心的自動人形を再構築し、彼が服従させた心理的自動人形を復活させなければならない」[5]。しかしこれは、どう見ても危険な路であろう。なぜなら映画と共に新たな形象を得た「精神の自動人形」が、今後どう進化あるいは退化し、どのような結末を迎えることになるのか誰にも予測できない時、どうしてそれを現在に「復活」させ、それに希望を託すことができるというのか。しかも引用文のなかでドゥルーズは、「自動人形」やその「機構」を形容するのに、「霊的」、「心的」そして「心理的」など、複数の微妙に異なる言い方をしているのだが、それらの具体的な差異はほとんど説明されていない。つまり「精神の自動人形」とは、極めて微妙な、あるいは両義性を孕んだ形象だということだ。

しかしドゥルーズが提示した「精神の自動人形」には、ヒトラー的な自動人形だけでなく、それとはまったく反対の、その対極的な在り方も同時に示されていた。このことを忘れるなら、ドゥルーズの『シネマ』はその根本的な意義のひとつを失うことになるだろう。すなわちそれが、「現代映画」の偉大な開始のひとつを告げる、ロッセリーニの『ヨーロッパ一九五一年』のヒロインの形象である。

ドゥルーズが、「精神の自動人形」なる概念を提示したもうひとつの、より根源的な意義は、憎悪や怨恨を煽り、大衆を煽動し、排他的でおぞましい集団行動へと至らしめる、支配への、権力への意志に関わる一切のものに抵抗する心的存在と、映画という装置を通じたその「生成」を描写することにあったのではなかったか。そこで彼はその具体例を、映画史のなかから抽出してくるのだが、やはりそこでも前者と混同される危険と隣り合わせであることに変わりはない。しかしそれは、むしろドゥルーズの明視ゆえではなかったか。つまり支配と隷属を目指す権力への意志に陥る危険は、本質的に避けられない。それに加えて、人が「精神の自動人形」と化した状態では、従来の道徳の規範も、良識も、あらかじめ与えられた善悪の判断基準も機能しないと考えられる。映画によって明るみに出された「精神の自動人形」が、従来の主体的な意志を欠き、非意志的でありながら、なおも創造的であるとするなら、それはこの創造という語のあらゆる含意、すなわち良きものも悪しきものも含めた無限のスペクトルにおいて、予見不可能なもの、未知なるもの、新たなものの出現を意味するだろう。善悪の判断は、したがって「精神の自動人形」に対してはあらかじめ無効化されているか、あるいはその判断は、常に事後的なものでしかないのである。

それでも次のことだけは確かだ。すなわち「大衆の芸術」としての映画は、「大衆」から切り離されてしまい、「それは国家によるプロパガンダと操作に陥り、ヒトラーをハリウッドに、ハリウッドをヒトラーに結びつける一種のファシズムに堕してしまった。精神の自動人形はファシスト的人間に成ったのである」[6]。つまりヒトラー的「自動人形」は、もはや本来の意味での「精神の自動人形」ではなくなってしまっていたとも考えられる。それは戦争との、大衆との関係のなかで、すでに「ファシスト的人間」へと生成してしまっていたのである。

映画、つまり「大衆の芸術」は、「真の主体としての大衆に到達するという目標から、切り離されてはならなかった」とドゥルーズは言う。しかし問題は、では「国家によるプロパガンダと操作」に陥ることなく、どのようにして映画はその「真の主体」に到達できるのかということだ。それは「思考」の問題を通してではないか。ドゥルーズは書いている。——「だが様々な映画作品からなる一般性ではない映画の本質は、思考を、他の何ものでもなく思考とその機能だけを、より高度な目標とするのだ」と。[7]

「映画の本質」が「思考とその機能」に関わるとは、具体的にどういうことだろう。ドゥルーズは、繰り返しイタリアの「ネオレアリズモ」を「現代映画」の幕開けとして挙げていたが、それはまず、戦争によって破壊されたものが、建物や事物だけではなかったということ、つまり人々の精神に関わる「思考とその働き」こそ、甚大な変化を被ることになったということを含意している。そしてこれは「ネオレアリズモ」の傑作すべてに言えることだが、登場人物たちは、彼らが置かれている諸々の状況に対して、適切な反応を以て応えることができないでいる。適切な反応とは、つまり合理的判断や意志的な行動のことであり、言い換えるなら、ハリウッド製のリアリズムが、繰り返し描いてきたような、身体の「感覚‐運動図式」に基づく、明快な目的や意志に貫かれた「アクション」のことである。ロッセリーニの、ヴィスコンティの、またフェリーニやアントニオーニの主人公たちは、行動するというよりもむしろ、はるかにこの世界を〈見る〉のであり、明確な意志や目的を持つというより、それらが失われた向こう側に立っているのである。つまり「現代映画」において、登場人物たちは何らかの身体的障害や、精神的困難を抱えており、知覚や感情は、具体的で有機的な行動へと結びついていこうとしない。それゆえに「イマージュは感覚‐運動的であることを止める」のである。[8]

――「ところでこの感覚‐運動上の断絶は、より高い条件を見出し、それ自体、人間と世界の絆の断絶にまで遡る。感覚‐運動上の断絶は、人間を見者（un voyant）にし、彼は世界における何か耐えがたいものによって打ちのめされ、思考のなかの思考不可能なものに直面することになる。それら二つのあいだで、思考はある奇妙な石化を被るのだが、それは思考が存在し、働くことの無力のようなものであり、思考がそれ自体と世界から剝奪されている状態なのである」。[9]

ドゥルーズは、「映画の本質」はその「目標」として、「思考とその機能」を持つと述べていたが、それがここでより具体的に述べられている。すなわちそれは、私たちの「思考」が直面する「思考のなかの思考不可能なもの」に関わるのである。そしてそのような「目標」が実現されるためには、人は「行動」する者から「見者」への質的な変化を経なければならなかった。これはまさに、ロッセリーニの『ヨーロッパ一九五一年』のヒロインが体験することになった変化であり、それにレネとロブ゠グリエの『去年マリエンバートで』のヒロインが、あるいはカール・ドライヤーの『ゲアトルーズ』の奇妙なヒロインが続くことになる。

「現代映画」において、女性の主人公が本質的な役割を担うことが多くなるのは、決して偶然ではない。古典的な映画が主に描いてきた、男性中心的な社会のなかでは、多くの場合女性は、男性の様々な理想、もしくは単なる性的対象として、「紋切り型（クリシェ）」に従属させられたかたちでしか、その役割を与えられることがなかった。ところが彼女たちこそ、「行動」を制限され、みずから「思考」することを奪われているという、まさにその事実によって、「見者」としての、あるいはむしろ「幻視者」としての豊かな資質を備えていたことが、戦後の状況において、次第に明らかになっていくのである。[10]

戦後ヨーロッパの、ロッセリーニ、ドライヤー、レネ、あるいはロベール・ブレッソンの映画のヒロインたちが直面するものは、それぞれの置かれた状況でまったく異なっている。しかし、それがこの世界における「何か耐えがたいもの」であり、「思考不可能なもの」であったという点では、完璧に一致している。人間が「見者」に成ることと、人間の「思考」が耐えがたい何ものか、思考不可能な何ものか、つまり思考の〈外〉によって打ちのめされることとは、必ず同時に起こる。そしてその時、人間の身体は行動を奪われ、「思考」と共に「ある奇妙な石化」を被ることになるのだ。

　専制的支配、ファシズム的な極みとは対極の、「精神の自動人形」のもうひとつの極みとは、「見者」と成った者における思考の「石化」と一体なのではないか。すなわち「それは思考が存在し、働くことの無力のようなものであり、思考がそれ自体と世界から剝奪されている状態」と一体になっていると考えられるのだ。[11] 人物たちは、耐えがたいものに、無数の「紋切り型（クリシェ）」に取り囲まれ、もはや思考することができないでいる。ドゥルーズの言う「見者」とは、より優れた人間でも、より知的な人間のことでもない。反対にそれは、思考を奪われ、目を見開いたまま「石化」してしまい、この世界にもはやどのように適応し、反応すればよいのかわからなくなってしまった「普通の人」のことなのだ。つまり古典映画における、行動への意志と意欲に満ち溢れたヒーローやヒロインではなく、ジャン＝ルイ・シェフェールが語った意味での「映画における普通の人」。しかしドゥルーズによれば、現代における「思考」の新たな可能性はそこにしかなく、そこからしか始まらないのである。

　ここで注意すべきだが、人間の「思考」は長いあいだ、それが含む知性と優れた感性によって評価されてきた。つまりその主体的な意志、目的に向かう合理的思考力や理性的判断力に基づいて評価され、価値づけられてきたのである。ところが、人間の「思考」の能力に対する大いなる信頼は、言い換えるなら、ヨーロッパにおける人間主義の伝統は地に堕ちてしまうことになる。なぜならまず、ヨーロッパ人は二度にわたる二十世紀の世界戦争を回避できず、ドイツ人は、そこに様々な経済的要因があったにせよ、ヒトラーの台頭を止められなかったばかりか、ヒトラーを希求し、君臨させてしまったからだ。しかもそこで、ヒトラーがナチスのプロパガンダ制作のために選んだのは、知力と感性に満ち溢れた、美しい女優にして映画監督のレニ・リーフェンシュタールであった。彼女はまさに、「思考が存在し、働くことの無力」の対極に位置づけられるべき存在である。彼女は、日常のなかの「耐えがたいもの」に捕えられ、思考を奪われてしまったロッセリーニの映画のヒロインの対極に位置している。リーフェンシュタールの非凡な才能、知性、また芸術的感性は、『意志の勝利』や、とりわけベルリン・オリンピックの記録映画『オリンピア』(一九三八年)のなかに、遺憾なく発揮されている。そこでは「思考」はどこまでも可能であったし、それはこれ以上不可能なほど、その目的と理想に適っていた。[12]

しかしそうした理想も目的も、ナチスの敗北と共に、ヨーロッパにおける未曾有の戦争の終結と共に崩れ去った。では、「戦後」の人々の目の前に広がる「世界」とは、どのようなものであったか。そこにはもはやファシストも、ゲシュタポも、あるいはレジスタンスの姿もない。「戦争は終わった」。日常が戻り、再び都市が繁栄するようになり、平和が訪れたようにも見える。しかしむしろそこには、ずっと以前から解決を見ないまま存続していた、言葉にしがたい何かが、執拗に付き纏うことにもなったのではないだろうか。戦争の終結と、再開された近代都市の発展とさらなる開発によって、人間と世界のあいだの絆は回復されたのだろうか。むしろより一層耐えがたい何かが、戦後の表面的な平和と正常さのなかで蠢き続けており、事態はある点でどうしようもなく悪化していたのではないか。多くの人々は、そうした現実を直視することがなかった。そして、そのような世界のなかで、「見者」が誕生していたのである。

――「耐えがたいものとは、もはやある重大な不正といったものではなくて、永続的な日常の平凡さである。人間は、彼自身その耐えがたいものを実感し、身動きが取れないと感じているその世界と異なる存在なのではない。精神の自動人形は、見者の心的状態のうちにあって、反応することが、つまりは思考することができないだけに、ますますはるか彼方まで見るのである。それなら微妙な出口とは何か。ある別の世界を信じることではなく、人間と世界の絆を信じることではないのか。愛を、また生を信じること、不可能なものを、思考不可能であっても、なお思考されねばならないものを信じるようにして、それらを信じることではないのか。「幾らかでも可能性を、さもないと窒息してしまう」」。[13]

「永続的な日常の平凡さ」に対する叫びは、すでに十九世紀の哲学者キルケゴールのものであった。ドゥルーズはそれを、「紋切り型（クリシェ）」の氾濫する、第二次大戦後の社会において再び見出している。そしてまさにそこで、ドゥルーズ哲学においては、それまで正面から扱われることのなかった「信仰」が問題となるのだ。ただし、もはや特定の宗教への改心が問題なのではない。そうではなく、この世界、この大地そのものを信じることが問題となるのである。

三　この世界を信じること

現代における「耐えがたいもの」とは何か。それは信仰も、自然と調和した暮らしも潰え、資本主義とその都市生活を、市場経済を、ただ無為に、虚ろに生きることそれ自体であるのかもしれない。終わりも、先も見えないこの「永続的な日常の平凡さ」のなかで、人は「この世界」ではなく、虚構の、投機の、数値の絶え間ない変動の世界へと一身を捧げる。このような状況における「信仰」が、「愛」が、「生」が、つまり〈不可能なもの〉が、改めてここで問題となっている。

――「断たれてしまうのは、人間と世界の絆である。だからそれ以来、信頼の対象とならねばならないのは、この絆なのだ。それは信仰によって取り戻す以外には不可能である。信頼はもはや、ある別の世界に、もしくは改変された世界に向けられるのではない。人間は、純粋に視覚的で音声的な状況のなかにいるようにして、世界のなかに存在している。人間による反応は奪われてしまっており、それは信頼によってしか取り戻すことができない。ただ世界への信頼の念だけが人間を、彼が見、そして聞くものへと再び結びつけることができる。映画は世界を撮影するのではなく、この世界への信頼を、私たちの唯一の絆を撮影しなければならない」[14]。「紋切り型（クリシェ）」の氾濫するこの世界のただなかで、他のいかなる世界でもなく、この世界を信じ、愛すること。ドゥルーズは、哲学には、生には、世界への「信仰」が、「信頼」が、絶対に不可欠だと語っているのである。なぜなら「人間は、彼自身その耐えがたいものを実感し、身動きが取れないと感じているその世界と異なる存在なのではない」からだ。芸術には、そしてとりわけ映画には、私たちに「この世界への信頼」を取り戻させる力がある。しかし事実上は、映画は様々な空想的物語を表象し、「紋切り型（クリシェ）」を倦むことなく生産する装置になり果ててしまっている。だからこう言ってよければ、『シネマ』の提示する理論とは、メジャーな映画の観念からはおよそかけ離れた、これ以上ないほどマイナーなものである。つまりこの書物それ自体が「言葉」による、「概念」による、支配的な観念への、常識への、「紋切り型（クリシェ）」への抵抗であり、様々なマイナーな映画作家たちと切り結ぶことによって果たされる、「集団的な言表の生産」による「抵抗行為」なのである。

　現代映画は、ドゥルーズの言う「一般性ではない映画の本質」を表現している。そしてそれは「思考」に関わると彼は述べていた。だがその「思考」とは、究極的にはこの世界そのものに対する「信仰」とひとつになるのではないか。ドゥルーズは書いている。――「しばしば人は、映画のイリュージョンの性質について問うてきた。だが、世界への信頼を回復することこそが、現代映画の力なのである（ただしそれが出来の悪いものであることをやめる時に）。キリスト教徒であろうと無神論者だろうと、普遍的なものとなった私たちの分裂症のもとで、私たちはこの世界を信じる理由を必要としているのだ」。[15]

この世界への信仰を担う装置としての「映画」という理念（イデー）。それは別段新しい考えではないし、むしろ古めかしく、アナクロニックにさえ映るかもしれない。しかしこの理念は、厳然として『シネマ』のなかに在る。『シネマ』の読者は、ドゥルーズの提示したこの理念を信じるのか、あるいは苦笑して通り過ぎてしまうのか、という点で試練に掛けられているのではないか。「映画のイリュージョンの性質」に拘泥する理論家たちもまた、イマージュの運動を様々に否定し、議論を複雑化して閉ざしてしまっている。だがそうした地点にとどまり続ける限り、映画が現に観客に与えてきたもの、また与え得る本質的なものは何も説明されないままだろうと、ドゥルーズは言うのである。[16]

これまでも、ドゥルーズの哲学をめぐって多くの誤解が生じた。ドゥルーズの哲学には批判が、否定の契機が欠けていると、政治的には役立たずだと言われてきた。だがそれは、ドゥルーズ晩年の思考が、この世界への、生への信仰の問題に向かっていたことを、見誤ったために生じたのではなかったか。「ニヒリズム」は至るところにある。そのただなかで、いかにこの世界を信じきるか、肯定し、愛するかという問題が、彼の哲学の根幹において立てられ、揺るがなかった。[17] そこから「映画は世界を撮影するのではなく、この世界への信頼を、私たちの唯一の絆を撮影しなければならない」という言葉も出てくる。そしてそれは、ドゥルーズ独自の概念である「創造的仮構作用」を通じて、「集団的な言表の生産」を通じて、そして「自由間接的なヴィジョン」を通じて、現実と虚構の対立を乗り越えることによって実現されるのである。

その時こそ「映画」は、娯楽や暇つぶし、あるいは閉ざされた議論を突き破って、じかに私たちの「思考」の、「生」の問題に接続されることになるだろう。ただしそれは、ドゥルーズの個人的な意見や希望というわけではない。ロッセリーニをはじめとする映画作家たちが、それぞれ現実のなかで、粘り強く実践してきたことなのである。――「ロッセリーニは、この点に関する彼の立場を次のように表明している。すなわち、世界が人間的でなくなればなくなるほど、人間と世界の関係を信じ、かつそれを信じさせるのは、より一層芸術家の役目となる。世界は人間たちからなるからだ[18]」。

ドゥルーズはロッセリーニと共に、もはや誤解を恐れることなく語っている。戦後のフランス現代思想が、従来の人間主義の仮借ない批判のもとで展開されてきたことはよく知られており、ドゥルーズもその重要な一翼を担ったとされる。だが彼は、「人間」をただ単に批判すればよいと考えていたのではない。もちろん「人間」は、そのまま肯定されるのではない。なぜならこの観念自体は、ヨーロッパの人文科学の伝統に由来する、期限付きのものに過ぎないからだ。だからむしろ「人間」は、この世界への「信仰」、「愛」、「倫理」という観点を通じて、まったく新たに捉え直されなければならないのである。――「私たちは、ひとつの倫理を、ひとつの信仰を必要としている。このように言うと馬鹿者たちは笑いだすだろう。だがそれは他の何か別のものを信じる必要ではない。まさにこの世界そのものを信じる必要であり、馬鹿者たちもやはりその世界の一部をなしているのである」[19]。

ドゥルーズの言葉のうちには、あらゆる「耐えがたいもの」を見つめたうえで、なおも発せられる、単純なる生の肯定の響きがある。今の私たちが取り戻さねばならない「ひとつの倫理」、「ひとつの信仰」とは、まさしくこうした響きのうちにあるのではないか。

結論　この世界を信じる理由——ユーモアと生成

ドゥルーズの最初の主著と言われる、『差異と反復』（一九六八年）で展開された〈時間論〉、およびその翌年に刊行された、初期のもうひとつの主著『意味の論理学』（一九六九年）におけ る〈意味＝出来事論〉、それらの重要な帰結が、『シネマ』全二巻にははっきりと書かれているように思われる。本書では、ドゥルーズとフェリックス・ガタリの共同の仕事には（『哲学とは何か』を除いて）、ほぼまったく触れなかった。実際『シネマ』には、ごくわずかな例外を除き、ガタリとの共著で展開された、有名な諸概念はほとんど使われていない。しかしそのことは、主に一九七〇年から八〇年にかけての、ガタリとの共同の仕事から得られた極めて重要な成果が、この本に含まれていないということを意味しないだろう。むしろそれは、切り詰められたかたちで現れているように見える。『シネマ』はやはり、ドゥルーズがそれまでの著作活動を通じて獲得してきた思考を、ある層位学的な時間の秩序に従って、含んでいると考えられるのだ。この意味で、『シネマ』は確かに映画論の書でありながら、同時にドゥルーズの哲学における、主著のひとつであると言っていいだろう。現に『シネマ』で論じられている内容と、その後の『フーコー』（一九八六年）、『襞』（一九八八年）、そして『哲学とは何か』（一九九一年）で扱われる主題や問題群とは、極めて深くつながっており、重なり合う。つまりこう言ってよければ、『シネマ』は、ある意味でドゥルーズの哲学を最も圧縮したかたちで示している作品であり、ガタリとの共著を含め、極めて多彩なドゥルーズ哲学を読み解くための、本質的な手がかりを与えてくれるものだと思われるのだ。その意味で本書は、「『シネマ』からのドゥルーズ入門」となることを目指した。

『シネマ』全体を締めくくる、第二巻「イマージュ－時間」の末尾には、はっきりこう書かれている。――「だから真昼であろうと真夜中だろうと常に、もはや「映画とは何か」ではなく、「哲学とは何か」と自問せねばならない時がある。映画そのものは、イマージュと記号の新しい実践であり、哲学はそこで概念的な実践として、理論を創らなければならない。なぜなら、いかなる技術的規定も応用（精神分析、言語学）も、反省も、映画自身の概念を構成するのに、十分ではないからである[1]」。

ここには、ドゥルーズの変わらぬスタンスが簡潔に表明されている。すなわち、哲学は「応用」でも「反省」でもなく、対象に即した「概念」を、その都度彫琢し、創り出さねばならないということ。だからこそ『シネマ』の問いは、必然的に「哲学」へと向かうことになったのである。

私たちは「仮構作用」（ベルクソン）から始めて、「偽（にせ）の力」（ニーチェ）、「共立不可能性」

（ライプニッツ、ボルヘス）、「自由間接話法」（バフチン、パゾリーニ）による「発話行為」といった、『シネマ』における主要な概念とその機能について論じてきた。これらの概念はしかし、すべて「この世界を信じる」という問題へと収斂し、また収斂するのでなければならない。だがなぜ、またそれはどのようにしてなのか。まず、モンテベロが指摘していたように、「世界への不信」と「ニヒリズム」は対をなしている。ならば、この世界を束の間忘れさせるために、あるいはこの世界から目を逸らさせるために作り出される、あらゆる種類の「虚構」は、それ自体がすでに、いくらか「ニヒリズム」を抱え込んでいると言えるだろう。

だからこそ何かを物語る行為を、他のいかなる世界でもなく、この世界へと向け直さなければならず、そのための言語の新たな使用法を創造しなければならない。つまり「仮構作用」を、従来の「虚構」に対抗させるために、そのマイナーな、逸脱した使用法が求められているのだ。たとえばボルヘスの「八岐の園」における、諸々の「共立不可能性」から成る世界の描写は、それ自体が、全体化に抗して分岐しつづけるこの世界の肯定であり、この世界そのものであるところの、理念的な多様性を表現していた。「現代映画」は、同じこの問題に対して、言語だけでなく、諸イマージュの「非合理的切断」と「偽のつなぎ」によって事に当たる。

すなわち、物語の組織化された流れ（古典的リアリズム）を保証する「真正なつなぎ」を、「非合理的切断」によって断ち切り、「合理的カット」を「偽のつなぎ」によって取り替える。そのようにして諸々の切断は、イマージュの至るところに「間隙」を穿つ。[2] ひとつの「全体」

としての作品は、もはや統一化されることなく、多孔質な世界へと変容し、「外」の風が音を立てて無数の「間隙」を通過するようになる。

「現代映画」が結ぶ「思考との新たな関係」として、ドゥルーズは次の三つの点を挙げている。——「諸イマージュのあいだに含まれる外のために、イマージュの全体、もしくは全体化を消滅させること、自由間接話法およびヴィジョンのために、映画作品の全体としての内的モノローグを消し去ること、そしてただこの世界への信だけを私たちに委ねる断絶のために、人間と世界の統一性を消し去ること」[3]。ただしそれらは、イロニーではなくユーモアによって為される必要がある。なぜなら映画における「偽の力」とは、ウェルズやゴダールにとって、まさにハリウッド的、全体主義的イロニーの裏返しとしての、マイナーなユーモアの発動にほかならないからだ。こうして最も深刻な作品が、最も軽やかな笑いを秘めるようになる。そしてそれは、ひとつの「全体」として統一化されることのない、互いに「共立不可能」な、断片化された無数のイマージュからなる世界を無条件で肯定し、また肯定することがそのまま信じることとひとつになるようなユーモアなのである。

カフカの描く世界が、たとえそれがどれほど絶望的で凄惨な場面から成ろうとも、ある奇妙なユーモアに満たされてしか現れてこないように、ドゥルーズ哲学においても、皮肉なものや不信、そしてニヒリズムに抵抗する、あるいはそれらを絶えず裏返しにする、ユーモアについて語ることが常にできる。実際、ドゥルーズの論じた「内在的正義」、すなわち「裁き」の彼方にある高次の法廷には、悲劇的なものも、皮肉なものも、ニヒリズムも不信もない。つまり、あらゆる人間的なものが不在なのだ。反対にそこには、動物たちの鳴声や大地のざわめきとひとつになった、ある奇妙な笑いが充満している。

そのような平面に到達しなければならない。すなわち、ドゥルーズが提起した「仮構作用」、「偽の力」をはじめとするすべての概念を、人間による、また神による裁きと決別するための武器となさなければならない。この世界は、神によっても、人間によっても決定されはしない。もしこの世界とその未来を、このまま人間ないし超越的な神の意志決定に委ねるとするなら、それはより一層の汚染と破壊と対立によって、生存不可能性のゾーンを拡大させていくことにしかならないだろう。この大地のうえに、欠けている、「来たるべき民」を生起させるために、〈決定不可能なもの〉を解放しなければならない。ただしそれは、かつてあったかもしれない、この世界や神の存在を信じていた過去を、再び現在に取り戻そうと試みることではない。ドゥルーズ自身の言葉を引こう。それは『シネマ』の結論から『哲学とは何か』に至るなかでも、最も強い表現のひとつであるように思われる。――「だが新たな平面のうえで、今や問題は世界を信じる者の存在に関わることになるのだが、それは世界の存在を信じるということですらない。それは、より一層動物たちや岩石に近しい、新たな生存様態を再び誕生させるために、その運動と強度とにおける世界の諸可能性を信じるということなのだ。この世界を信じること（croire en ce monde）、この生を信じることは、私たちの最も困難な課題となったということ。

言い換えるなら、今日の私たちの内在平面のうえで発見されるべき、ひとつの生存様態の課題となったということはあり得る。それは経験論的な回心である（私たちは、人間たちの世界を信じない斯(か)くも多くの理由を手にしている。私たちは、ひとりの婚約者よりも、ひとりの息子よりも、あるいはひとりの神よりもさらに悪い、世界を失ってしまった……）。そう、問題は変わったのだ」[4]。

「問題」が変わったとは、「今日の私たち」が、単に世界への、生への様々な不信を抱くようになったことだけを意味するのではない。それ以上に、この世界を、生を信じるという、そのこと自体の意味を、私たちが見失ってしまったということを指すのだ。だからこそそれは、今日の私たちにとって「最も困難な課題」だと言われるのである。ドゥルーズにとって「この世界を信じる」とは、単にこの世界の〈存在〉を信じるということですらない。この大地に適う「新たな生存様態を再び誕生させるために、その運動と強度とにおける世界の諸可能性を信じるということ」。それは言い換えるなら、「この世界」と共に「生成」し、同時に「この世界」それ自体を〈他なるもの〉へと「生成」させる、新たな「言葉(パロール)」を生み出すということでもあるはずだ。つまり、そうした言葉を「集団的言表」として編成し、無数の他者からなる声を「自由間接話法」によって解き放ち、この世界を全体化し、統合しようとする、あらゆるテクノロジーに、制度に、情報に、認識論に立ち向かうための、ひとつの「抵抗行為」となすということ。それによって、他のいかなる世界でもなく、「この世界を信じ」、肯定することと唯ひとつになった「新たな平面」を描き出すこと。ドゥルーズの哲学とはまさにこれなのだ。
「この世界を信じる」ということの意味は、したがって一新される。それはもはや、この世界を在るがままに受け入れるといった東洋的な受容性でも、西洋的な主体性としての自由意志によるものでもない。それは、この世界を多方向へ向けて分岐させ、発散させ、生成させる、〈他なるもの〉としての力を肯定することとひとつであり、諸々の〈決定不可能性〉を解放し、増殖させる「偽の力」を構成し、構成しつづけることそれ自体であるような〈信〉にほかならないだろう。裁きと決別した時——そこには合理的、ないし理性的な判断との決別も含まれる——、人はただちに「不断の危機としての時間」のなかへと入っていくことになる。なぜならそこでは、時系列的な時間はもはや消え去り、未来も過去も決定されないからだ。

おそらくそのような「時間」こそが、厳密な意味で「生成の無垢」と呼ばれるだろう。つまり「生成の無垢」とは、誰かの内に秘められた美しい純粋性などではなく、死刑判決後のカフカの主人公のように、「不断の危機としての時間」を生きることとひとつの境位であり、あるいは絶滅収容所へと向かう列車のなかに至るまで、非ユダヤ人の「クラン氏」をどこまでもユダヤ人への「生成」へと駆り立てる、盲目にして無頭の力なのだ。唯こうした「生成」、あるいはそれと一体をなす「無垢」をおいてほかに、結局のところドゥルーズにとって、この世界を信じるべきもっともらしい理由など実はどこにもない。「生成」とは、社会が要請する善悪の判断とはおよそ関係のないところで為される「ひとつの行為」であり、「それによって何かや誰かが、(おのれ自身でありつづけながらも) 絶えず他なるものへ生成する」こと、その度合、その強度にほかならない。[5] いかなる宗教的理念も介することのない、この「生成」のヴィジョンだけを通じて、ドゥルーズの哲学は、「この世界を信じること」という、「最も困難な課題」に収斂していくことになるのだ。

だがこうした意味における「生成」は、その事実上の意味や状況とは関係なく、確かにユーモアに満ち満ちている。ユーモアとはこの場合、この世界を全体化し、全体を一種の自殺へと駆り立てる、硬直したイロニーとしてのファシズムを、ゆるやかな襞で包み込み、分裂させ、様々な方向へと分岐させることによって、何か別なものへと変容させることを意味する。したがってドゥルーズのユーモアとは、ちょうど現代映画が「非合理的切断」によってイマージュの有機的な連鎖を断つのと同じように、ひとつの「全体」を、切断と断片化によって変質させ、絶え間なく「外」を創り出し、こわばった顰め面や悲壮な顔を、秘めやかな笑いと哄笑によって取り替えてしまう〈方法(マニエール)〉だと言ってもいい。この世界への、生への〈信〉なき「生成」に身を委ねることは、破滅にしか通じていない。この世界を、生を信じ、肯定することなき言葉に、芸術に、哲学に、一体いかなる意義があるというのか。ドゥルーズの哲学は、ニヒリズム、不信、そして否定に絶えず抗う、この世界を肯定する特異なユーモアに満たされている。そしてドゥルーズ哲学とは、まさに「この世界を信じる理由」を繰り返し与えてくれる、生きた生きとした「概念」の運動なのである。

注

序

1 ルイス・ブニュエルによる、戦前の『糧なき土地』(一九三三年)や、戦後の『忘れられた人々』(一九五〇年)などの、マイナーな、だが輝かしい例外的作品を挙げることはできる。

第一章　仮構作用と生

1 Gilles Deleuze et Félix Guattari, *Qu'est-ce que la philosophie?*, Minuit, 1991. p.162.(ジル・ドゥルーズ、フェリックス・ガタリ『哲学とは何か』財津理訳、河出書房新社、一九九七年、２４３ページ)。以下、原著ページ数の後、カッコ内に邦訳ページ数を記す(同様の処理を他の文献についても行うが、初出の際はその都度書誌を記すこととする)。

2 *Qu'est-ce que la philosophie?*, pp.159-160.(２３９〜２４０ページ)。

3 *Qu'est-ce que la philosophie?*, p.166.(２４９〜２５０ページ)。

4 古井由吉「戦災下の幼年」『半自叙伝』所収、河出文庫、二〇一七年(初出は二〇一二年)、16ページ。

5 *Qu'est-ce que la philosophie?*, p.162. note 8.(２４３ページ、脚注８)。

6 Gilles Deleuze, *Le bergonisme*, PUF, 1966, p.117 note 1. 引用文中、原文でイタリック体になっている箇所には傍点を付す。以下、同様の処理を行う。

7 *Qu'est-ce que la philosophie?*, p.81.(１２２ページ)。

8 Henri Bergson, *Les deux sources de la morale et de la religion*, in *Œuvres*, PUF, 1959, p.1066 sq., pp.1141-1142.(ベルクソン『道徳と宗教の二源泉』平山高次訳、岩波文庫、一九七七年、１３１ページ以下、２３７〜２３８ページ)。以下《*Les deux sources*》と略記。「仮構作用」のもうひとつの根本的な機能とは、人間種だけが抱く「死」の観念が及ぼす否定的な影響から、人間自身を防衛することにあるとされる。

9 *Les deux sources*, p.1075.(１４４ページ)。

10 *Les deux sources*, p.1075.(１４５ページ)。

11 ポール・ヴィリリオ『戦争と映画』石井直志・千葉文夫訳、平凡社ライブラリー、一九九九年、186ページ。

12 ジャック・シュヴァリエ『ベルクソンとの対話』仲沢紀雄訳、みすず書房、二〇〇八年、224、256ページ。

13 Gilles Deleuze, *Pourparlers 1972-1990*, Minuit, 1990. p.235.（ジル・ドゥルーズ『記号と事件』宮林寛訳、河出文庫、二〇〇七年、349ページ）。

14 まさしくここに「ダーク・ドゥルーズ」なる立場が、ドゥルーズの死後、発生してくることになる、ある種の必然性のごときものもあるのだろう。次の書物を参照。Andrew Culp, *Dark Deleuze*, University of Minnesota Press, 2016.（アンドリュー・カルプ『ダーク・ドゥルーズ』大山載吉訳、河出書房新社、二〇一六年）。また『現代思想』「特集：加速主義」、二〇一九年六月号、青土社。では、〈新たな〉という語を冠せられるナチズム、ファシズム、全体主義、反動主義、加速主義等々の土壌から、ドゥルーズの提起した諸概念は、それほど遠い所にあるわけではないのだろうか。この問題については後ほどまた触れる。

15 Gilles Deleuze, *Cinéma 2, l'image-temps*, Minuit, 1985, p.360. 以下《*C2*》と略記。（ジル・ドゥルーズ『シネマ２＊時間イメージ』宇野邦一・石原陽一郎・江澤健一郎・大原理志・岡村民夫訳、法政大学出版局、二〇〇六年、378ページ）。

16 Gilles Deleuze, *Clitique et clinique*, Minuit, 1993, p.9.（ジル・ドゥルーズ『批評と臨床』守中高明・谷昌親・鈴木雅大訳、河出書房新社、二〇〇二年、9ページ）。「限界は言語活動の外にあるのではない。それは言語活動によって生じる外なのだ。すなわち限界は、様々な非言語的な視覚と聴覚から成るのだが、それを可能にしているのはただ言語活動だけなのである」。

17 *C2*, p.345.（363ページ）。

18 *C2*, p.353.（371ページ）。

19 *Clitique et clinique*, pp.13-14.（15〜16ページ）。「作り話（ファビュラシオン）なき文学など存在しない。しかしベルクソンが見て取っていたように、仮構作用（ファビュラシオン）、仮構機能は、自我を想像することのうちにも、投影することのうちにもない。それはむしろ、こうしたヴィジョンにまで到達することであり、こうした生成ないし力にまで達することなのだ。〔…〕文学としての、書くこととしての健康は、欠けているひとつの民を創出することにある。ひとつの民を創出することが、仮構機能の役目なのだ」。

第二章　映画と二十世紀の戦争

1　Gilles Deleuze, *Deux régimes de fous : textes et entretiens 1975-1995*, Minuit, 2003, p.329.（ジル・ドゥルーズ『狂人の二つの体制　１９８３-１９９５』宇野邦一監修、河出書房新社、二〇〇四年、２３９〜２４０ページ）。

2　古井由吉『始まりの言葉』岩波書店、二〇〇七年、８ページ（初出は二〇〇〇年）。

3　同前、16〜17ページ。

4　C2, p.220.（２３７ページ）。

5　C2, p.223.（２３９〜２４０ページ）。

6　C2, p.32.（27ページ）。

7　C2, p.110.（１１３ページ）。

8　C2, p.131.（１３８ページ）。ドゥルーズはここで、グレトゥイゼンの言葉を引用している。

9　C2, p.59.（57ページ）。

10　Jacques Rancière, *La fable cinématographique*, Seuil, 2001, pp.145-163. «D'une image à l'autre? Deleuze et les âges du cinéma». ランシエールは、ドゥルーズによる「イマージュ-運動」と「イマージュ-時間」概念の分割の妥当性そのものに、強力な疑義を唱えている。つまりそれらは「対立する二つのタイプのイマージュでも、映画の二つの時代に対応するのでもまったくなく、イマージュについての二つの視点なのだ」（p.152）。しかもその「二つの視点」でさえ、ランシエールによれば、厳密には維持し難いものとされる。ランシエールが提起する批判の論旨は、部分的なものにとどまるとは言え、『シネマ』を肯定する立場の多くの論考よりも、より一層、問題の核心に触れているように思われる。

11　C2, pp.54-55.（52ページ）。

12　C2, p.34.（30ページ）。

13　C2, p.155.（１６５ページ）。

14　C2, p.56.（54ページ）。《plan》には、フランス語で「平面」のほか、映画における「ショット」の意味もある。

15　C2, pp.269-270.（２８８ページ）。

16　レネをめぐるこれら諸点に関しては、『シネマ２』第五章第三節、および第八章第二節で集中的に論じられている。また、そのなかでドゥルーズは、芸術作品が創り出す諸層の特性について、次のように指摘している。「その特性とは過去でありながら同時に、常に来たるべきものだという点にある」。なぜなら「芸術作品は共存する様々な年代を横断する」ことができるからである（C2, pp.161-162.／１７１～１７２ページ）。なおこれは、ドゥルーズの「生成」概念の定義にも、完全に当てはまるだろう。

17　C2, p.270.（２８８ページ）。

18　C2, p.271.（２８９ページ）。

19　C2, p.152.（１６１ページ）。また、ジョルジョ・アガンベン『アウシュヴィッツの残りのもの――アルシーヴと証人』上村忠男、廣石正和訳、月曜社、二〇〇一年、のなかで著者は、「生き残った者」たちの証言を引いている。「その体験をしていない者たちは、それがなんだったのかを知るすべはない。その体験をした者たちは、もうそれについて語ることはない。本当に、どこまでも語ることはないのだ。過去は死者たちに属している」（40ページ）。この証言はしかし、「映画」と「哲学者」の可能性に、なおもひとつの余地を残しているものと思われる。

20　C2, p.271.（２９０ページ）。

21　C2, p.272.（２９０ページ）。また、アガンベンが前掲書と共に、講演「ハイデガーとナチズム」のなかで、エマニュエル・レヴィナスの論考を引いて、「ヒトラー主義哲学」の問題を鋭く再提起する時、彼は疑いなく、ドゥルーズが「戦後の偉大な哲学者たち」と呼ぶ者の系譜に位置づけられるだろう。ジョルジョ・アガンベン『思考の潜勢力――論文と講演』所収、高桑和巳訳、月曜社、二〇〇九年、３９３～４０５ページ。

22　C2, pp.41-42.（38ページ）。

23　C2, p.172.（１８３ページ）。

24　C2, p.53.（50ページ）。ドゥルーズの弟子のひとり、ダヴィッド・ラプジャードは、まさに『シネマ２』のこの一節から得られた「常軌を逸脱する運動」を、自身のドゥルーズ論のタイトルとして掲げている。ただしこの概念そのものは、映画作家ヒトラーの身体性、言表、行為に直接由来する困難な諸問題を、確かに免れてはいないように思われる。この点については後でまた詳しく見る。

25　C2, p.58.（56ページ）。
26　Rancière, *La fable cinématographique*, p.159.「イマージュ－運動とイマージュ－時間の対立は、それゆえ虚構的な断絶である。それらの関係はむしろ、無限の螺旋をなしている」とランシエールは断じている。ただしこの指摘は、これらの概念的区分を失効させることになるというより、ベルクソン哲学における、イマージュの「現実性」と「潜在性」という〈二重性〉に基づいて再考するなら、完全に肯定的に捉え返すことができるのではないか。つまりイマージュの二つの体制は、まさしく「無限の螺旋」をなしているのだ。
27　C2, pp.213-214.（２３０ページ）。
28　「民主主義はそもそも、政府の権力を制限することを目的とした、防衛的な手続きをもったメカニズムとして始まったものであるはずだが、しかしそれはすぐさま、そして容赦なく、全く別のものへと、すなわち体系化された窃盗を推奨する文化へと変わっていく」。新反動主義を唱えるニック・ランドが「暗黒啓蒙」（二〇一二年）のなかでこのように指摘する時、それは晩年のドゥルーズの、「あらゆる民主主義国家は、人類の貧困を生産する作業に加担して、骨の髄まで腐っている」という言葉に呼応する。*Pourparlers*, p.234.（３４６ページ）、「暗黒啓蒙（抄）」および五井健太郎氏による「訳者解題」、前掲『現代思想』二〇一九年六月号所収を参照。

第三章　記憶と忘却、そして偽の力

1　C2, pp.129-130.（１３６ページ）。
2　Jacques Lacan, *Le séminaire, Livre I, Les écrits techniques de Freud 1953-1954*, text établi par Jacques-Alain Miller, Seuil, 1975, p.254.（ジャック・ラカン『フロイトの技法論（下）』小出浩之他訳、岩波書店、一九九一年、１０９ページ）。
3　ベルクソン自身が、『物質と記憶』の記憶の理論を要約、発展させた、「変化の知覚」を参照。Henri Bergson, *La Pensée et le mouvant*, in *Œuvres*, PUF, 1959, p.1387.（ベルクソン『思想と動くもの』所収、河野与一訳、岩波文庫、一九九八年、２３９ページ）。
4　向井雅明「真理と知」『imago（イマーゴ）』Vol.6-13、一九九五年、２１４〜２３１ページ。ラカン派の精神分析家である向井氏の論文および著作はどれも、フロイトおよびラカンに関する卓越した視点と理解を示している。

5　ベルクソンの「序論」(*La Pensée et le mouvant*, in *Œuvres*, PUF, p.1316. 前掲『思想と動くもの』112ページ)、またドゥルーズ『ベルクソニスム』の次の箇所を参照。Gilles Deleuze, *Le bergsonisme*, pp.50-51.

6　ドゥルーズ「想像界への疑義」、前掲書『記号と事件』所収。

7　*C2*, p.136. note 8. ((45)〜(46) ページ、注8)。

8　*C2*, p.165. (175ページ)。

9　*C2*, p.165. (175ページ)。

10　*C2*, pp.165-166. (176ページ)。

11　*C2*, p.167. (177ページ)。

12　*C2*, pp.167-168. (178ページ)。

13　*C2*, p.169. (180ページ)。

14　*C2*, p.130. (137ページ)。これと同じことを、古井由吉はよりラディカルに述べている。「しかし現実には、過ぎたものは存在しなくなるのではない。たとえば五十男は同時に四十男であり、三十男であり、二十代の青年であり、十代の少年であり、三歳の童児でもある。そればかりか将来を先取りして、六十、七十の老人でもある。じつにさまざまの年齢が併存している。もともと始末の悪い全体なのだ」。古井由吉『日や月や』福武書店、一九八八年、25〜26ページ。

15　*C2*, p.170. (181ページ)。

16　*C2*, p.170. (181ページ)。

17　*C2*, p.170. (182ページ)。

18　*C2*, p.171. note 5. ((51)〜(52) ページ、注5)。

19　*C2*, p.171. (182ページ)。

20　*C2*, pp.171-172. (182〜183ページ)。

21　*C2*, p.172. (183ページ)。

22　*C2*, p.172. (183〜184ページ)。

23　*C2*, pp.172-173. (184ページ)。

第四章　真理批判——裁きと決別するために

1　C2, p.137.（145ページ）。

2　C2, p.174.（185ページ）。

3　C2, p.174.（185〜186ページ）。

4　C2, p.174.（186ページ）。

5　C2, p.175.（186〜187ページ）。

6　C2, p.176.（188ページ）。

7　C2, p.179.（191〜192ページ）。

8　C2, pp.179-180.（192ページ）。

9　C2, pp.181-182.（194ページ）。「感情作用」の原語は《affection》である。〔変様〕という補足は、ドゥルーズのスピノザ論を踏まえて添えている。

10　C2, p.184.（196ページ）。引用文中の〔…〕は中略を表す。

11　まさにここから、ドゥルーズが生前に刊行した最後の著書、『批評と臨床』を貫く「文学としての健康」、文学とはひとつの健康の試みである、という全般的テーゼも来ている。特に第一章「文学と生」を参照。

12　C2, pp.184-185.（197ページ）。

13　C2, p.186.（198ページ）。

14　C2, p.189.（202ページ）。江川隆男氏は、最新の論考のなかで、ドゥルーズにおけるこうした「決定不可能な部分」を、「出来事」の構成要素として、すなわち「永遠の未完了」なる「出来事」の秘密の持分として、厳格に定義している。江川隆男『すべてはつねに別のものである』河出書房新社、二〇一九年、7ページ。

15　C2, p.191.（204ページ）。

16　C2, p.189.（202ページ）。

17　C2, p.191.（204〜205ページ）。

18 *C2*, pp.191-192.（２０５ページ）。

19 *C2*, p.149.（１５８ページ）。

20 *C2*, p.149.（１５８ページ）。

21 *C2*, p.149.（１５８ページ）。

22 ダヴィッド・ラプジャードは、ドゥルーズの真理批判が、裁きの批判だけでなく、その法的な「根拠の批判」、および本書第六章で見る、「権利」の問題とも密接に関係していることを鋭く指摘している。David Lapoujade, *Deleuze, les mouvements aberrants*, Minuit, 2014, pp.55-56.（『ドゥルーズ　常軌を逸脱する運動』堀千晶訳、河出書房新社、二〇一五年、65〜66ページ）。

23 *C2*, p.150.（１５９ページ）。〔　〕は引用者による補足。

24 *C2*, p.151.（１５９〜１６０ページ）。

25 *C2*, p.150.（１５９ページ）。

26 古井由吉「「死刑判決」に至るまでのカフカ」『日常の〝変身〟』所収、作品社、一九八〇年（初出は一九六二年）、１２６〜１４７ページ。この卓越した論文のなかで古井氏は、カフカの数年にわたる「書く事の不能」と「自己意識の空白」の期間に焦点をあて、その創造的な意義を見事に明らかにしている。

27 *C2*, p.151.（１６０ページ）。

第五章　自由間接話法と物語行為

1 *C2*, p.192.（２０５ページ）。

2 Gilles Deleuze, *Cinéma 1, l'image-mouvement*, Minuit, 1983, p.106. 以下《*C1*》と略記。（ジル・ドゥルーズ『シネマ１＊運動イメージ』財津理・齋藤範訳、法政大学出版局、二〇〇八年、１３０ページ）。

3 *C1*, p.106.（１３１ページ）。

4 ミハイル・バフチン『マルクス主義と言語哲学』桑野隆訳、未来社、一九八九年、２３９ページ。

5 *C1*, pp.106-107.（１３１ページ）。

6　*C1*, p.107.（131ページ）。

7　興味深いことに、ドゥルーズ自身がそのことを示唆している。彼が宇野邦一氏に送った重要なテクスト、「言語をめぐる宇野への手紙」（一九八二年十月二五日付）のなかに次のような指摘がある。「自由間接話法こそ、言語の唯一の「形象（figure）」であり、言語の全体を成すものだと私は言いたいのです。私は、日本語に、自由間接話法なるものがあるかどうか知りません（これは、きみの説明を待たなくてはならない）。もし、自由間接話法などないとすれば、日本語の本性とあまりにも等しいので、定義する必要さえないからではないでしょうか。〔…〕私が今、映画について研究しているのは、このような問題点の延長上なのです」。ドゥルーズがここで、映画研究を言語の問題の延長線上に位置づけていることに、注目すべきである。Gilles Deleuze, *Deux régimes de fous*, pp.185-186.（ジル・ドゥルーズ『狂人の二つの体制　1975－1982』宇野邦一監修、河出書房新社、二〇〇四年、287〜289ページ）。

8　國分功一郎氏は、『ドゥルーズの哲学原理』岩波書店、二〇一三年、第一章のなかで、大変わかりやすく「自由間接話法」について解説している。ただし氏は、この話法を特殊な話法と見なしているようであるが、ドゥルーズは反対に、それを「言語活動における根源的な行為」と見ていた。

9　*C1*, p.107.（132ページ）。

10　*C1*, pp.108-109.（134ページ）。

11　*C2*, p.239.（256ページ）。

12　*C2*, p.194.（207ページ）。

13　*C2*, p.195.（208ページ）。

14　*C2*, p.195.（208〜209ページ）。

15　エリック・バーナウ『ドキュメンタリー映画史』安原和見訳、筑摩書房、二〇一五年。95ページ以下、および258ページ以下を参照。

16　*C2*, p.195.（209ページ）。

17　*C2*, pp.195-196.（209ページ）。

18　*C2*, p.196.（209〜210ページ）。

19　『道徳と宗教の二源泉』第二章で、《fabulation》を概念として最初に提起したベルクソン自身は、それを《fiction》と特に区別していなかったことに注意しなければならない。*Les deux sources*, p.1066, pp.1141-1142.（131〜132、237〜238ページ）。
20　C2, p.196.（210ページ）。
21　ピエール・ペローの映画は、残念ながら日本では一般公開もソフト化もされていないようである。ただフランスで作品集が発表されており、視聴可能ではある。これもまた「マイノリティ」の映画の配給、受容をめぐる、実際的で深刻な問題の一部をなすのだろう。
22　堀千晶氏は、論文「『シネマ』の政治」のなかで、ジョセフ・ロージーの映画『クラン氏〔邦題：パリの灯は遠く〕』の考察を通じて、極めて独創的な『シネマ1』の読解を行っている。堀氏は読解そのものによって、言わば運動を逸脱させ、問題を時間化し、不穏な「虚偽」の力を、『シネマ1』に逆流させている。檜垣立哉・小泉義之・合田正人編『ドゥルーズの21世紀』所収、河出書房新社、二〇一九年。なお堀氏は、ウェブサイト《La voix de Gilles Deleuze》で公開されている、ドゥルーズによる映画に関する講義録を併せて参照している。
23　C2, p.197.（210ページ）。
24　C2, p.198.（212ページ）。
25　C2, pp.198-199.（212〜213ページ）。
26　C2, p.199.（213ページ）。
27　C2, pp.199-200.（214ページ）。
28　C2, p.200.（214ページ）。
29　C2, p.201.（216ページ）。

第六章　民が欠けている

1　C2, p.282.（300ページ）。
2　C2, p.282.（300〜301ページ）。

3　Lapoujade, *Deleuze, les mouvements aberrants*, p.261.（312ページ）。「それゆえ、マイナーなものと呼ばれなければならないのは、存在する権利を一切もたないものであり、合法性を剥奪された存在様式であり、存在するためにいかなる身体も、いかなる空間も、いかなる土地も、いかなる言語も自由に使用できない存在様式なのだ。ドゥルーズとガタリにおけるマジョリティとマイノリティの概念はなによりまず、権利の観点から、権利を与えられた者と権利を剥奪された者とのあいだで、把握されねばならない」。

4　「メジャー」と「マイナー」の対を、「現実的なもの」と「潜在的なもの」の対に重ね合わすことのできる根拠は、たとえばドゥルーズが『差異と反復』の至るところで、前者を積分されたもの、束ね上げられたもの、後者を微分的なもの、バラバラなもの、断片的なものとして示していることにある。したがってラプジャードの語る「権利上のマイナーなもの」を、積分されていない、潜在的で、微分的な諸断片と見做すこともできると思われる。ドゥルーズの独創性はそれゆえ、〈現実的／潜在的〉の有名なベルクソン由来の対を、本来の「物質」と「記憶」、「現在」と「過去」の問題系から飛躍させ、カント的な「法」、「権利」、およびそれらの「基礎」、「基盤」という問題系にまで創造的に拡張した点にこそ、認められるように思われる。

5　*C2*, p.288.（307ページ）。

6　Lapoujade, *Deleuze, les mouvements aberrants*, pp.260-263.（311〜314ページ）。および『ドゥルーズ　常軌を逸脱する運動』の堀氏による優れた「訳者あとがき」、372〜376ページを参照。

7　*C2*, p.288.（306ページ）。〔　〕は引用者による補足。

8　*C2*, pp.288-289.（307ページ）。

9　*C2*, p.288.（307ページ）。

10　*C2*, p.281.（299ページ）。

11　*C2*, p.281.（299ページ）。

12　*C2*, p.282.（300ページ）。

13　*C2*, p.282.（300ページ）。

14　*C2*, p.283.（301〜302ページ）。

15　C2, pp.284-285.（３０３ページ）。

16　C2, p.285.（３０３ページ）。

17　C2, p.290.（３０９ページ）。

18　C2, p.286.（３０４ページ）。

19　Pierre Montebello, *Deleuze, philosophie et cinéma*, Vrin, 2008, p.90. モンテベロは、同書第四章「ニヒリズムと世界への不信」のなかで、現代の「ニヒリズム」と「情報」のカップルに対抗し、世界への新たな信仰をもたらすものとして、ベルクソンによるそれとは異なる、ドゥルーズ固有の「仮構作用」概念の意義を強調している。

20　C2, p.290.（３０９ページ）。

21　Lapoujade, *Deleuze, les mouvements aberrants*, p.268.（３１８ページ）。

22　晩年のドゥルーズ哲学における、「仮構作用」と「生成」のカップルの本質的な重要性を指摘した点に、ラプジャードによるドゥルーズ論の、決定的な新しさのひとつはあると思われる。一方、ラプジャードが多くを負っているとされる、ピエール・モンテベロ『ドゥルーズ　思考のパッション』大山載吉・原一樹訳、河出書房新社、二〇一八年（原書は二〇〇八年）には、「仮構作用」の理論が展開される『シネマ２』への言及が一切ない。これはひとつには、モンテベロが、同年に『ドゥルーズ　哲学と映画』を上梓し、その第四章のなかで「仮構作用」について、すでに触れているからだとも考えられる。しかしながらそれは、非常に簡素な指摘にとどまっており、ラプジャードにおける「仮構作用」の理論的展開の新しさとその意義が、減じることはないと思われる。

23　Lapoujade, *Deleuze, les mouvements aberrants*, pp.266-267.（３１７ページ）。および第十章「妄想論」を参照。

24　ドゥルーズは『批評と臨床』第一章「文学と生」において、「妄想」に大いなる意義を認めつつも、その「両義性」についても指摘していた。すなわち「妄想とはひとつの病」であり、まただからこそそれは、「健康の尺度」ともなるということだ（*Clitique et clinique*, p.15.／17ページ）。

25　C2, p.337.（３５５ページ）。

26　C2, p.289.（３０７〜３０８ページ）。

27　*Qu'est-ce que la philosophie?*, p.105.（１５７〜１５８ページ）。

第七章　言葉とイマージュの考古学

1　前掲書『すべてはつねに別のものである』のなかで江川隆男氏は、「すべての人間が身体の生成変化そのものである限り、万人が〈来るべき民衆〉をそれぞれに多様な度合として有する」と指摘している（64～65ページ）。および、関連する重要な箇所として、72～73ページも参照。

2　前掲論文「『シネマ』の政治」のなかで堀千晶氏は、ヒトラー主義とはちょうど反対の側から、第二次大戦期のフランスで「ユダヤ人」へと「生成」する人物を描いた、『クラン氏』に関するドゥルーズの論述に基づき、「生成」の不気味で危険な、破滅的でさえある側面を見事に描出している。

3　*Qu'est-ce que la philosophie?*, pp.104-105.（156ページ）。同じ箇所でドゥルーズは、ナチスとハイデガーの関係に直接言及して、「生存と自由の創造者」と「ファシスト」との見分けがつかなくさせる「識別不可能性の、あのグレー・ゾーン」について指摘している。

4　*Clitique et clinique*, p.9.（9ページ）。

5　前掲書『始まりの言葉』、87ページ。古井氏はここで、特にマラルメやリルケ、さらにはヘルダーリンなどを念頭に置いているものと思われる。

6　同前、89ページ。

7　*C2*, p.322.（340～341ページ）。また古井由吉は、リルケの『マルテの手記』を引き合いに出して、次のように述べている。「見ることから学ぶとは、諸物を端的に見ることによって実存に就こうという意欲になりますが、それは同時に、見ることにより言葉を回復しなくてはならぬという要請、あるいは必要を表しています」。古井由吉、佐伯一麦『遠くからの声』新潮社、一九九九年、15ページ。

8　*C1*, p.100.（122ページ）。

9　*C1*, p.97.（120ページ）。

10　*C1*, p.86.（105ページ）。

11　*C2*, p.150.（159ページ）。

12 『シネマ1』第四章の「イマージュ」に関する考察のうちにドゥルーズ哲学のひとつの極限の形象を見る立場として、ピエール・モンテベロ『ドゥルーズ　思考のパッション』前掲、第七章「即自的現われのパラドックス」が挙げられる。ラプジャードは、この知見をはっきりと踏襲している（『ドゥルーズ　常軌を逸脱する運動』前掲、340〜343ページを参照）。他に『シネマ1』第四章を重視した論考として、小泉義之『ドゥルーズの霊性』所収、河出書房新社、二〇一九年の書名と同名の論文が挙げられる。

13 C1, p.118.（145ページ）。

14 C2, p.38.（34ページ）。また、拙論「ドゥルーズにおける「記号」概念について――『シネマ2』第2章の精読」『映像学』102号所収、二〇一九年を参照。

15 C2, pp.65-66.（64ページ）。

16 C2, p.314.（333ページ）。

17 C2, p.316.（334〜335ページ）。

18 C2, p.316.（335ページ）。

19 C2, p.317.（335〜336ページ）。

20 C2, p.317.（336ページ）。

21 C2, p.318.（337ページ）。

22 C2, p.318.（337ページ）。

23 C2, p.319.（337ページ）。

24 C2, p.320.（338ページ）。

25 C2, p.320.（338〜339ページ）。

26 C2, p.321.（339ページ）。

27 C2, p.322.（340ページ）。

28 C2, p.323.（342ページ）。

29 アラン・レネの映画、ベルクソンの記憶の理論、そして現代の脳科学の関係性についてのドゥルーズの強い関心は、

『シネマ2』第八章「映画、身体と脳、思考」（C2, pp.268-281.／287〜299ページ）ではっきりと表明され、晩年の『哲学とは何か』最終章「カオスから脳へ」に至るまで真っすぐに続いていく。

30　C2, p.329.（348ページ）。

31　C2, p.330.（348ページ）。

32　C2, p.331.（349〜350ページ）。

33　C2, p.337.（355ページ）。

34　C2, p.332.（350〜351ページ）。

35　このようなヴィジョンは明らかに、ドゥルーズによるベルクソンの『物質と記憶』の特異な読解に基づいている。つまりドゥルーズは、『シネマ』において、ベルクソンにとっては比喩でしかなかった記憶の円錐図を、字義通りに受けとめ、実体化して捉えている。しかし、そのドゥルーズの読解自体は、まさに映画が実現した、本質的な新しさの経験に直接由来するものであるということは、さらに重要である。すなわち映画は、それまで主観的にしか知覚しえなかった世界（および過去の記憶内容）を、文字通り物質化し、「イマージュ」、「ショット」として実現してみせた。『シネマ』における『物質と記憶』の読解は、この事実に厳密に即して、戦略的に創造された新たな「思考のイマージュ」なのであって、ベルクソンの本を、単に比喩なしで、「文字通りに読んでしまった」結果などでは決してないだろう。この点の理解を誤るなら、『シネマ』の本質的な理解のすべての可能性は失われてしまう。こうした点については、すでに詳しく書いたことがある。拙稿「ドゥルーズ映画論の本性――イマージュ、記号、言語の関係について」、『思想』1077号所収、岩波書店、二〇一四年を参照。

36　C2, p.334.（352〜353ページ）。

37　C2, p.334.（353ページ）。

38　C2, p.340.（358ページ）。

第八章　精神の自動人形のゆくえ

1　C2, p.203.（218ページ）。

2　*C2*, p.203.（２１８〜２１９ページ）。

3　*C2*, pp.344-345.（３６２〜３６３ページ）。

4　前掲書『思考の潜勢力——論文と講演』、３９８〜４０１ページ。

5　*C2*, p.345.（３６３ページ）。

6　*C2*, p.214.（２３０ページ）。

7　*C2*, p.219.（２３５ページ）。

8　*C2*, p.220.（２３６ページ）。

9　*C2*, pp.220-221.（２３７ページ）。

10　ドゥルーズの提起する「来たるべき民」は、こうした意味において〈女性に成ること〉、つまり女性（へ）の「生成」のうちに、その豊かな可能性のひとつが秘められているのではないかと思われる。またこの点でドゥルーズの哲学は、古典的なギリシャ哲学における、男性の優位性の伝統から決定的に離れるものを含んでいると言える。晩年のジャック・ラカンにおける女性への「生成」を論じた重要な著作、佐々木中『夜戦と永遠（上）』河出文庫、二〇一一年、第一部第四章を参照。この章は、ラカンを論じながらも、見事なドゥルーズの「生成」論になっていると私には思われる。なお、以上の観点を踏まえて、ベルクソンの『道徳と宗教の二源泉』第三章における「神秘主義」の問題は、再検討されるべきではないかと思われる。あわせて、古井由吉『神秘の人びと』岩波書店、一九九六年を参照。

11　ランシエールによる『シネマ』論の最も注目すべき点とは、おそらく「精神の自動人形」の危うい両義性（専制的支配への隷属と、非意志的なものの運動）を正確に描写しているところにある。すなわちランシエールは、ブレッソンの『バルタザールどこへ行く』の分析を通じて、専制的な映画作家の寓意としてのヒロインの恋人の男と、演出家ブレッソンとの類似性を指摘している。そしてヒロインは、意志を欠いたように、その恋人の命令に従うことになるのである（Rancière, *La fable cinématographique*, pp.161-163.）。

12　「知性」と「意志」の専制的カップルに対する偉大な闘いとして、スピノザの『エチカ』を挙げることができる。江川隆男『スピノザ『エチカ』講義　批判と創造の思考のために』法政大学出版局、二〇一九年、第一五講義を参照。江川氏はそこで、「人間の自由について」、それは「ただ自由意志からの解放にのみ存する」ことを力強く指摘している。

13　*C2*, p.221.（２３７ページ）。

14　*C2*, p.223.（２４０ページ）。

15　*C2*, p.223.（２４０ページ）。

16　山城むつみ「二十二周遅れで読む『シネマ』」『連続する問題』所収、幻戯書房、二〇一四年（初出は二〇〇七年）、２６９〜２８０ページ。この短く、簡潔な論文は、映画における「思考不可能な何か」という問題に焦点を絞ることによって、『シネマ』の核心にあるもののひとつを鋭く射抜いている。

17　この世界の否定と破壊を企図する『ダーク・ドゥルーズ』的傾向全般への正当な批判として、江川氏の以下の応答を参照。ドゥルーズの哲学が、「まさにニヒリズムそれ自体の破壊の過程」としてあるのに対して、「〈ダーク・ドゥルーズ〉は、やはりニヒリズムのなかでの限定された破壊宣言以外の何ものでもない。つまり、それは、ニヒリズムのなかでの、あるいはニヒリズムに依存した限りでの破壊精神にすぎないのだ。しかし、このこととニヒリズムそのものの破壊とは、まったく異なるであろう」（カルプ前掲書、２０７〜２０８ページ）。なお、カルプが否定や憎悪や破壊の対象としているのは、ドゥルーズが語る意味での「この世界」とは、明らかに異なると思われる。それはむしろ、『この世界』を限なく領土化し、ネットワークと管理システムによって全面的に統合しようとする、超資本主義や国家の多種多様なイデオロギー機構、あるいはそれらによって一方的に占拠された限りでの「世界」のことではないだろうか。

18　*C2*, p.222.（２３９ページ）。

19　*C2*, p.225.（２４２ページ）。

結論　この世界を信じる理由——ユーモアと生成

1　*C2*, p.366.（３８５ページ）。

2　*C2*, p.236.（２５３ページ）。

3　*C2*, p.245.（２６２ページ）。

4　*Qu'est-ce que la philosophie?*, pp.72-73.（１０８〜１０９ページ）。

5　*Qu'est-ce que la philosophie?*, p.168.（２５２ページ）。

あとがき

ドゥルーズの『シネマ』について書いてみたいと思ってから、もう十年以上になる。なかなか物になるような文章が書けず、長年呻吟しながら、読書と執筆を続けてきた。発表できる当てもない、ただ一所懸命な、長い悪戦苦闘の連続であった。だがなぜ私は書くことを、それも哲学に関わるテーマについて書くことを選んだのだろうかと、自問することがある。およそ研究者や学者には似つかわしくない、半生を歩んできたと感じているからだ。本書の成立過程に触れようとする時、私にはどうしても青年時代の自分のことが想い出される。十代の半ばで、人生に早くも行き詰まっていた。そんななか、たまたま得ることのできた留学の機会に、なかば縋るようにして飛びつき、十代の後半、およそ三年を遠い海外の小さな国で暮らした。華やかな留学生活というものではなかった。しかしそれでも私は、そのまったく新しい生活によって、もう一度自分の人生を始めることができたように思う。芸術や哲学や映画や文学に、人並みの関心を、あるいは人並み以上に切実な関心を抱くようになったのも、その頃が最初である。私にとっては、映画も、文学も、芸術も、哲学も、生きることと、また生きることについて考えることと、はじめから結びついて離れなかったようなのだ。それら諸領域のあいだに優劣などはなかった。ただ好きになった作家や哲学者、芸術家の作品を、ひたすら鑑賞し、愛読した。『シネマ』には、映画も哲学も文学も芸術も、すべてが見事に詰まっていて、私のような者には、最高に面白い本だったのである。

最初は英訳で、ついで邦訳が出てからは日本語で読み、そして最後にフランス語原文で読むようになったのだが、それにはあるきっかけがあった。私は二十代の頃、ベルクソン哲学に傾倒していたが、ベルクソンが何たるかを教わったのは、前田英樹先生からである。その前田先生が私に、『シネマ』について書きたいのなら、全部自分で訳して、ドゥルーズの言葉を君の手で伝えなければ意味がないと話された。至極もっともなことだと思い、必死で勉強して読んだ。そしてひたすらノートに写しては訳した。今では先生の仰ったことの意味が、少しは理解できた気がする。前田先生には本当にお世話になったので、心からの感謝の気持ちをここに記させていただきたい。

本書は、私がひとりで書いた初めての本であるが、宇野邦一先生、財津理先生をはじめとする諸先輩方の手になる、重要な仕事とその蓄積がなかったとしたら、私などには一行たりともドゥルーズについて書くことができなかっただろう。実際本書は、最後の修正段階で、特に『シネマ2』の邦訳書に大変お世話になった。少しでも読みやすくなるようにと、拙訳を棄て、訳文をそのまま借用させていただいた箇所もある。偉大な先輩方への私の深い感謝の念が、少しでも本書の内容面に現れていてくれればと心から願う。また、『シネマ』に関する私の最初の論文を、『思想』誌に掲載してくださった互盛央さんにも、心からの感謝を申し上げたい。互さんから頂いた数々の励ましの言葉は、私の心の大きな支えであった。

書くことは常に独りきりで行うことではあるが、そこでは厳密な意味で、他者たちの無数の言葉が、声が、絶えず響いている。「私」とはその受け皿、ないし空の器に過ぎないとさえ思われることがある。本書のなかで私は、作家、古井由吉氏の著作を何度も引用したが、氏の言葉の数々が如何にドゥルーズの哲学の主題と響き交わすか、ということに本当にしばしば驚かされた。文学と哲学の境界など、実はあるようでないのかもしれない。

最後に、私の拙い原稿を読んでくださり、一年半という長きに亘って伴走し、形にしてくださった、河出書房新社の阿部晴政氏には、感謝という言葉だけではまったく足りない。本当に多くのことを、私は阿部さんから学ばせていただいた。またそれだけでなく、これ以外には考えがたい本書のタイトルも、阿部さんに付けていただいた。心底からの感謝を申し上げます。

築地　正明

二〇一九年九月

〔著者〕
築地正明（つきじ・まさあき）
1981年、福岡県筑紫郡生まれ。武蔵野美術大学大学院博士後期課程美術理論研究領域単位取得、博士（造形）。現在、立教大学、武蔵野美術大学、京都造形芸術大学他、非常勤講師。共著に『映像と文化――知覚の問いに向かって』京都造形芸術大学出版局、幻冬舎、2016年、論文に「ドゥルーズ映画論の本性――イマージュ、記号、言語の関係について」『思想』1077号所収、岩波書店、2014年、「結晶と表現の問題――ベルクソンとドゥルーズ」『思想』1094号所収、岩波書店、2015年などがある。

わたしたちがこの世界を信じる理由　『シネマ』からのドゥルーズ入門

2019年11月20日　初版印刷
2019年11月30日　初版発行

著　者　築地正明
発行者　小野寺優
発行所　株式会社河出書房新社
〒151-0051　東京都渋谷区千駄ヶ谷2-32-2
電話　(03)3404-1201（営業）　(03)3404-8611（編集）
http://www.kawade.co.jp/
装　幀　中島浩
組版　KAWADE DTP WORKS
印刷　モリモト印刷株式会社
製本　加藤製本株式会社
Printed in Japan
ISBN978-4-309-24936-0
落丁本・乱丁本はお取り替えいたします。